我国地方债信用评级改进研究

宋　昕　著

中国金融出版社

责任编辑：刘　钊
责任校对：李俊英
责任印制：陈晓川

图书在版编目（CIP）数据

我国地方债信用评级改进研究/宋昕著 . —北京：中国金融出版社，
2024.1
　　ISBN 978-7-5220-0269-9

　　Ⅰ.①我…　Ⅱ.①宋…　Ⅲ.①地方财政—债务管理—信用评级—研究—
中国　Ⅳ.①F812.7

　　中国版本图书馆 CIP 数据核字（2021）第 032376 号

我国地方债信用评级改进研究
WOGUO DIFANGZHAI XINYONG PINGJI GAIJIN YANJIU
出版
发行　**中国金融出版社**

社址　北京市丰台区益泽路 2 号
市场开发部　（010）66024766，63805472，63439533（传真）
网 上 书 店　www. cfph. cn
　　　　　　　（010）66024766，63372837（传真）
读者服务部　（010）66070833，62568380
邮编　100071
经销　新华书店
印刷　保利达印务有限公司
尺寸　169 毫米×239 毫米
印张　12
字数　205 千
版次　2024 年 1 月第 1 版
印次　2024 年 1 月第 1 次印刷
定价　58. 00 元
ISBN 978-7-5220-0269-9
如出现印装错误本社负责调换　联系电话(010)63263947

摘　要

　　本书在回顾我国地方债发展的历史和现状的基础上，通过对我国地方债发展现状的研究，梳理市政债发展的历史脉络和原因，研究财政分权制度的影响以及存在的主要问题，并结合我国财政政策的发展趋势，研究我国地方债信用评级指标和评级方法的改进，为后续的研究奠定基础。本书的主要研究内容包括我国地方债发展的原因、现状、历史沿革，以及遇到的主要问题和产生这些问题的原因。本书重点研究了西方国家特别是美国地方债信用评级指标以及指标选取的方法。这些研究，有利于吸收国外先进经验和制度以及技术标准，为我国地方债信用评级指标体系、方法和制度的改进提供经验。此外，本书还重点介绍了美国地方债的发行方式及评级方式，美国地方债评级出现的问题及处理方式，美国地方债发行评级方式、指标体系和关注重点等对我国的启示。

　　本书针对我国地方债存在的问题，并结合目前我国财政体制改革发展的新趋势，提出针对我国地方债发行过程中评级制度和评级指标体系应该建立的评级模型，并在模型中加入了关于房地产价格波动的变量，研究其对于地方政府债务风险的影响。同时，本书还提出了地方政府对于地方土地交易以及对于土地财政依赖度与地方政府债务违约风险影响的假设。本书以广东省为例做实证分析，对多个模型进行修正和改进，从新设置的自变量和评级方法两个方面进行验证，采用新的评级指标体系和方法对广东省各地市的地方债进行评级分析，测算评级指标的客观性。本书对多个相关模型的内容、自变量的选取以及分层指标的含义和比值进行分析，并根据评级模型对各省地方债发行的信用作以量化评级，研究目前我国地方债的评级和常用的模型，根据我国地方债评级的特点、国际评级常用的指标体系和指标选取，研究我国地方债信用评级时常用的指标和指标体系以及信用评级关注的汇总点。通过这部分研究发现我国在地方债评级中存在的技术问题和制度问题，并且根据政府在信用风险管理中所遇到的问题，提出进一步改进我国市政债评级的政策和措施建议。

目　录

第一章　导论……………………………………………………………… 1

    第一节　选题背景与意义／1

    第二节　研究路径与主要内容／7

    第三节　研究逻辑与方法／10

    第四节　创新与难点／11

第二章　地方债信用评级指标及指标体系研究的理论基础 ……… 13

    第一节　地方债的基本概念、分类与功能／13

    第二节　市政债发行评级的方法、特征和必要性／16

    第三节　地方政府市政债发行与信用评级的理论基础／24

    第四节　有关国内外研究文献综述与评价／31

第三章　我国市政债及信用评级发展的历史与现状 ………………… 44

    第一节　我国市政债发行的历史沿革／44

    第二节　我国地方政府举债形式的发展沿革／48

    第三节　我国地方政府举债跨入新阶段／51

    第四节　我国信用评级的发展历史与现状／53

第四章　对美国市政债评级指标和方法的评价 ……………………… 57

    第一节　美国市政债发行与评级管理／57

    第二节　美国地方政府市政债评级实践／64

    第三节　美国地方法律对市政债发行的监管／66

    第四节　对美国信用评级体系以及相关评级指标的评价／69

    第五节　美国市政债信用风险管理经验对我国的启示／71

第五章　我国地方政府信用评级体系的构建 ………………………… 75

    第一节　我国市政债评级的界定、必要性及特点／75

    第二节　我国地方政府财政收入支出构成／77

第三节 我国市政债信用评级的原则与重点分析的因素 / 81

第四节 我国地方政府债信用风险评级的思路与方法 / 84

第五节 我国地方政府债券信用评级模型分析 / 90

第六节 我国市政债评级模型的建立 / 93

第六章 广东省地方债务信用风险评级的实证检验……………………… 103

第一节 KMV 模型的修正 / 103

第二节 对广东全省及各地市信用风险违约度的实证检验 / 104

第三节 房地产及土地价格的波动对地方政府债务风险的影响 / 110

第四节 广东省地方政府债务风险评价 / 119

第七章 进一步完善我国地方债评估方法与指标体系的政策建议……… 124

第一节 完善我国地方政府债券发行与评级指标和方法 / 124

第二节 进一步完善我国地方政府信用评级要素和指标体系 / 129

第三节 进一步完善我国地方债的评级方法 / 133

第四节 进一步改善地方政府信用评估体系的约束环境 / 134

参考文献/139

附件一 房地产价格波动对地方债务风险的影响研究
　　　 ——以广东省为例 / 150

附件二 地方债务置换必须解决的几个问题 / 159

附件三 银行脆弱性的理论基础与主要影响成因
　　　 ——基于对我国中央银行 “缩表” 的视角 / 171

图表目录

图 1-1 我国地方债信用评级改进研究技术路线图 ················ 8

表 2-1 美国政府支出划分表 ·········· 28

图 4-1 美国市政债券在债券市场中所占比重 ················ 58

图 4-2 标普国际地方政府评级思路 ·········· 60

图 4-3 标普美国地方政府评级思路 ·········· 61

图 4-4 穆迪美国以外地方政府评级思路 ·········· 62

图 4-5 标普美国市政债主体评级分布（截至 2013 年 9 月）······ 65

表 4-1 穆迪美国政府评级指标及其权重 ·········· 62

表 4-2 穆迪、标普、惠誉评级要素比较 ·········· 63

表 4-3 美国地方政府市政债风险导致财政危机监测标准 ········· 67

图 5-1 Credit Metrics 基本流程图解 ·········· 93

表 5-1 我国地方政府信用风险评级指标体系 ·········· 85

表 5-2 九级分制标度表 ·········· 87

表 5-3 判断矩阵因素 ·········· 88

表 5-4 三标度表 ·········· 88

表 5-5 2002—2015 年政府收入数据的单位根检验分析 ·········· 100

表 5-6 变系数模型分析结果 ·········· 100

表 5-7 变截距模型分析结果 ·········· 101

表 5-8 混合模型分析结果 ·········· 101

表 5-9 截面随机效应检验分析 ·········· 102

表 6-1 广东省 2014 年政府性债务余额未来偿债情况 ·········· 105

表 6-2 2015 年广东省地方政府应偿还债务预测情况 ·········· 106

表 6-3 2014—2016 年广东省地方政府一般债务情况 ·········· 107

表 6-4 2014—2016 年广东省地方政府专项债务情况 ·········· 107

表 6-5 广东省财政收入及可支配财政收入预测情况 ·········· 109

表 6-6 广东省地方政府债务违约概率计算结果 ·········· 110

图 6-1　地方政府融资平台购地数量 ···························· 113

图 6-2　地方政府融资平台参与土地交易的城市占比 ·············· 114

表 6-7　2010—2016 年广东省各地市城投债发行情况 ············· 115

表 6-8　信用利差影响因素的回归分析（一） ···················· 117

表 6-9　信用利差影响因素的回归分析（二） ···················· 118

表 6-10　2015 年广东省各市债务率情况 ······················· 120

表 6-11　2015—2016 年广东省各地级市地方债违约风险评级结果

　　　　·· 121

第一章　导论

本章主要说明选题的背景、意义、目的和研究问题的方法以及本书的基本结构、研究的主要观点，并对本书主要框架作基本介绍。

第一节　选题背景与意义

一、选题背景

地方政府债券（Local Treasury Bonds）是指地方政府作为发行主体在公开市场上发行的债券。地方政府发行此类债券通常是为满足基础设施建设或者为公众提供公共产品服务的融资需要，地方政府可以自己发行，也可以委托相关机构代发行。因为西方很多国家的地方政府债券还本付息的担保能力只取决于地方政府的还款能力，在这种情况下地方政府债券又被称为"市政债券"（Municipal Bonds）[①]。地方政府债券已成为西方国家金融市场的重要融资工具，是地方政府基础设施建设资金的重要来源。在我国地方政府债券发展的过程中，其信用评级问题一直没有解决，或者说解决得不好，这与我国长期实行计划经济有关，也与我国的财政管理体制有关。自2008年国际金融危机以来，各国为应对金融危机纷纷加大刺激经济发展的力度，其中，地方政府发债或者负债成为我国政府应对金融危机的主要手段之一，虽然绝大部分地方政府债券是以融资平台的形式出现的，但当时的融资和发债形式已经具备了初步的评级条件且达到了市场要求。

[①]　由于本书研究的地方债是针对我国2014年以后由各地方政府自行组织偿付的地方政府债券，与市政债券的概念相同，所以下文将不再对地方政府债券和市政债券进行区分。

本书将从几个不同的角度说明选题的背景和意义。

1. 分税制的制度设计导致地方政府在城市基础设施建设方面承担更大的责任。在我国实行对内改革和对外开放前，高度集中的计划经济要求国家财力统一集中使用，中央政府通过财政集中收支制度下的"统收统支"对地方财政进行统一管理。在这种大集中管理体制下，地方政府本质上属于中央下派机构，很难代表地方利益。

1979 年我国政治经济体制发生巨变，实施了对外开放和对内改革的战略举措，直接推动我国财政体制的重大改革。从 1980 年开始，在"放权让利"的改革指导下，中央与地方的财政分配关系被初步理顺。1980 年起，中央财政开始对地方的财政收支进行划分并在此基础上实行了包干管理体制。从 1985 年开始实行划分税种、核定收支、分级包干的办法。1994 年，中央自上而下推行分税制改革，一直延续到今天。从 1980 年后我国财政改革的路径看，从财政包干制开始，我国地方财政的依附地位就发生了变化，地方财权有了不同程度提升，地方利益开始凸显。长久以来中央对地方的高度集中管理体制开始被打破，实行分级财政，地方财政主权开始形成。

1994 年，我国开始推行中央和地方两级分税制改革，主要内容包括：在上交中央和中央转移支付不变的前提下，与地方分收入和支出，在机构设置上分设中央税务机构和地方税务机构。中央对地方实行税收返还制度。在要求地方扩大事权的前提下，明确中央财政和地方财政各自的支出范围。按税种划分收入，明确中央与地方的收入范围。自 1994 年我国分税制实施以来，地方财政包干制度已经不复存在，中央财政与地方财政的分配关系通过分税制确定下来，强化了中央财政的调控能力。但是，这一改革的弊病是强化了地方政府对中央财政的依赖程度，地方政府财政资金缺口扩大，地方财政赤字开始加剧。分税制推行后，除营业税外，地税均为小税种，收入不稳定且增长缓慢，共享的增值税仅留给地方 25%。以此来看，地税收入很难有较大幅度增加。在财政转移支付方面，由于需要支付的地方太多，转移支付财力存在较大缺口。对于公产收入，按照有关法律规定，绝大部分矿藏资源属中央政府，归地方政府的最大一块公产是地产，但仅靠出让土地获得的资金收入杯水车薪。地方政府要走出融资困境，就必须通过发行地方债券。

实行分税制以来，地方政府事权急剧加大，但财权增加速度极慢，导致地方政府没有足够资金维持基础设施建设。分税制后，地方财政收入包括四个方面，即地税、财政转移支付、公产及债券融资收入。除去正常的财政支出外，地方政府很难通过规范渠道的收入来保证城市基础设施建设的资金需求。所以，进入21世纪特别是国际金融危机以来，各级政府不得不依靠中央的巨额投资和地方政府名目繁多的融资平台来筹集地方政府基础设施建设资金。

2. 城镇化建设水平提高、建设速度加快，对地方政府基础设施建设投资提出更高和更多的要求。第一，新型城镇化建设对基础设施投资需求较大，资金需求规模巨大，政府必须多渠道融资。新时期国家提出我国新型城镇化发展目标，即城镇化建设水平和质量提升并且要求绿色环保宜居，城镇化率达到60%左右，城市户籍人口达到45%左右。根据财政部财政科学研究所的研究报告，城镇化率每上升1个百分点，将带动地方投资提升5.9个百分点。另外，城镇化建设较差的地方基本集中在中西部。这些地区经济欠发达，基础设施建设严重不足，资金缺口较大。第二，地方政府现有债务兑付压力较大。审计署根据其审计结果，认定到2013年6月底，各级政府有偿还责任的债务为206988.65亿元，有担保责任的债务为29256.49亿元，承担救助责任的债务为66504.56亿元。现有债务压力已经让地方政府难以承受。第三，我国地方政府债务由于依靠融资平台融资，凸显融资以标准融资为主、监管难度较大、政府负债主体责任不明确、成本过高等问题。因此，寻求适合我国国情的地方政府负债模式，拓展市政债券融资渠道，成为地方政府的一个重要选择。

3. 中央政府已经打通地方政府发行市政债的渠道，未来市政债将成为我国地方政府城市基础设施建设资金最主要的资金来源，对地方政府筹资将产生重大影响。2014年，政府出台《国家新型城镇化规划（2014—2020年）》，提出下一阶段城镇化的建设目标与建设任务及需要完善的相关配套改革措施。对城镇化基础设施建设所需资金来源，该规划指出地方政府可以通过规范、透明的投融资机制进行融资，可合法地运用市政债筹措资金解决地方政府资金供给不足的问题。这是一个历史性的突破，其意义在于：第一，明确地方政府债务应透明，中央政府对地方债务拥有管理和调控的权力，以制度来控制地方政府的发债行为，加强中央政府对地方政府债务的监督。第二，降低债务融资中地方不负责任的道德风险，对地方政府融资起到约束作用，减弱中央政府的"隐性担保"作用。金融市场公开发行的地方政府市政债，还款能力差的地方政府，金融市场会提高其发行成本，以市场手段抑制其融资能力，甚至使其无法承受融资成本带来的压力，迫使地方政府举债慎重行事。以市场为准则，通过金融市场的风险评估和监督，约束地方政府发债的冲动。第三，可以降低政府债务融资成本。在我国金融市场上，地方债期限以 5 年期为主，与长期国债相比，地方债务长期存在"短债长用"的问题。根据经济学原理，基础设施建设的投入会带动土地升值并增加社会效益，但如果基础设施建设周期长，而政府债务的期限短，就会带来错配风险。根据西方国家市政债发行经验，市政债券期限宜长不宜短，融资成本不宜过高。我国地方平台融资利率普遍较高；除融资平台外，为筹措资金，地方政府不惜通过借贷利率更高的信托产品中 BT、TPP 等模式筹集建设资金。这些行为进一步增加了地方政府财政债务负担。按照审计署的方法计算，每年地方债务利息的负担高达 1.2 万亿元，如果以债券替换平台融资，每年可为地方财政节约融资成本约 3000 亿元。市政债可以节约地方融资成本，提高地方财政资金利用效率。

4. 我国地方政府发行的市政债评级制度不完善不规范，影响地方政府发债的实际操作，加大发债的风险。由于我国政治体制的特殊性，我国债务风险评级难度要远远大于西方国家。根据国际经验，对市政债券的评级实际上是针对特定的市政债产品进行的评级。我国的情况与以美国为代表的西方国家市政债有相当大的区别，如果完全照搬西方国家市政债评级方法，会与我国的实际情况相冲突。目前，国内市政债评级主要关注项目本身风险、偿债资金来源和信用变化情况，具体常用评价指标有地区生产总值、居民可支配收入、地方政府的政策及项目风险、项目的市场风险及其他风险。最应该被关注的国内宏观政策和产业政策以及中央银行的货币政策、财政宏观政策、税收政策等一般不在评价范围内。自 2015 年以来，部分地方政府发行的市政债券与中央财政发行的国债出现价格倒挂，即同期地方债的收益率低于同期国债收益率，而其评级与国债评级相同，这是典型的评级出现问题。美国标普的评级指标主要有经济分析、行政系统和管理体系效率。为了更好地反映这些问题，标普用了大量的细化指标和数理分析方法。从分析过程看，标普更加注重对政府本身运行情况的分析，比如对行政系统效率、管理体制和财务状况的关注，而我国由于市政债发行时间短，仅注重对项目本身的风险和收益的评价。我国地方政府市政债在发行过程中信用评级与西方国家的差距，导致我国市政债发行出现极其不合理的现象，信用评级对债务风险的控制远远没有发挥其应有的作用，严重影响了我国地方政府市政债券市场的健康发展。长此以往，地方政府这一融资渠道只会越走越窄。目前我国市政债的信用评级并不科学客观，如近年来我国各地地方政府发行的市政债都是 3A 级信用评级，与同期国债评级相同，这种评级使得我国信用评级的可信度大大降低。从某种意义上看，长此以往，其无论是对发行人还是对投资者来讲都会失去参考的意义。

5. 长期以来，我国没有建立一个完善的地方政府负债评价机制，也没有科学的负债评价方法和指标体系。从新中国成立以来到 21 世纪初，我国财政经历了从统收统支到财政分权制以及到目前仍在实行的分税制，其中，"文革"前地方政府曾经有短期的负债行为，但是随着国家实行更加集中的计划经济管制，相当长一段时期内，我国地方政府没有负债的职能，也就不存在对地方政府负债进行评级的问题，所以，国外非常看重的地方政府负债评级问题以及有关评级指标体系的设立问题，在我国都不存在。但进入 21 世纪以来，特别是为了应对国际金融危机，国家放开了地方政府负债的口子，各地政府开始通过融资平台和市政债金融市场进行融资，这样，我国市场开始关注对地方政府负债评级所采用的评级指标体系。随着市场风险的不断增加，整个社会都开始重视风险问题，并且上升到一个非常高的高度。由于今后地方政府负债已经成为常态并且成为一项制度，全社会开始重视和研究其信用评级问题。但是，由于我国地方政府债以及评级指标体系没有基础，大家不得不多方探索和研究，正是在这一背景下，笔者将研究地方政府负债的评级以及评级指标体系的建立作为本书的研究内容，并且力图在研究过程中，借鉴美国的成熟经验，寻找到一个结合我国地方政府负债实际，带有中国社会主义初级阶段特色的评级指标体系。

二、选题意义

1. 地方政府负债已经成为未来我国地方建设资金筹集的主要方式，这要求我们重视地方政府负债信用评级工作。分税制导致的地方政府事权扩大而财权缩小，中央财经纪律的逐步严明，使得地方政府在基础设施建设投资过程中不得不更加依赖市政债的发行。国家财政管理相关政策的不断出台，使得地方政府长期以来依靠融资平台筹集资金成为过去，随着更加严格的土地政策和财政政策实施，地方政府只有依靠发行市政债券才能融通资金，这样，市政债的评级问题就被提上议事日程。长期以来，我国地方财政属于软约束，没有建立信用评级制度，随着市政债发行成为一项常规性的融资手段，信用评级制度必须不断改进和完善。研究信用评级制度，就不得不借鉴西方先进的评级经验和做法，需要搞清楚我国地方政府与西方国家地方政府在体制上和债券发行方法上的区别，研究我国地方政府信用评级的非普遍性特征。构建我国市政债科学的信用评级制度，可以为我国地方政府扩大财权打下坚实的基础，为科学发债提供依据，为中央政府依法管理地方政府债券提供参考。

2. 地方政府负债评级指标体系的建立可以进一步规范未来地方政府的负债行为。通过研究并完善市政债券的评级制度，可以进一步完善我国财政的分权制度。我国地方政府发行市政债应该置于中央政府财政分权的制度之下，应该把地方政府发行市政债作为我国财政分权改革的一个重要措施和制度性变迁来看待。长期以来，我国在中央政府和地方政府财政分权方面做得不尽如人意，中央停止地方政府融资平台的做法无疑是正确的和及时的。但是融资平台的停办，堵住了地方最重要的融资渠道，中央政府重开市政债券融资渠道，实质上是"堵邪门、开正路"，体现出中央政府对人民的关心和爱护，考虑到了地方政府的基础设施建设需求和改善人民生活的需要。但是好事情不能因为信用评级的不科学而办成坏事情，如此将不能实现中央扩大地方政府财权的初衷。研究和完善地方债的信用评估制度，可以进一步完善我国财政的分权制度。

3. 研究和完善地方债评级制度，有助于建立我国统一的评级体系。我国债券市场已经发展多年，但是至今没有像美国一样建立具有全球影响力的信用评估机构，如标普、惠誉等。我国目前的信用评级由于指标体系不健全、方法不科学，一个机构的评级拿到另一个机构，就不会被承认，造成我国债券评估市场严重分割。目前，信用评级机构没有权威性，没有形成一个全国性的评级机构和评级方法，已经成为我国债券市场特别是地方债市场发展的重大障碍。通过此项研究，可以为建立和完善我国债券市场的评估体系、评估方法和评估机构，提出政策建议和操作措施，推动我国评级体系和方法的完善，推进全国性评级机构的建立。由此可以有效地为中央政府加强地方政府债务风险管理，防范地方政府债务潜在风险提供可参考的方法。

4. 市场经济体制要求地方政府负债必须符合市场规律，而建立科学的地方政府负债评级指标体系是其中重要一环。市场经济是法治经济，市场经济也是风险较大的经济，党的十八大确定市场是未来我国各种资源配置的决定因素。我国经济从计划经济向市场经济转型的关键就是要确定市场对资源的配置机制。长期以来，由于实行计划经济，我国地方政府较为熟悉依靠公权进行资源配置，对风险的防范意识较差。建立地方政府负债的风险与信用评估指标体系，有效防范地方政府负债风险，不但是我国市场化改革的需要，也是未来地方经济发展的需要。目前，我国地方政府负债信用评级基本处于空白状态或者初创阶段。本书的研究，对建立地方政府债务信用评级指标体系、完善评级方法具有探索性价值。

第二节　研究路径与主要内容

一、研究思路

本书的研究思路主要包括研究框架、研究内容、研究方法等，研究框架主要包括提出问题、理论分析、实证分析、制度设计、政策建议。问题的提出部分，重点介绍了本书的研究背景和现实意义；理论分析部分，重点研究了国内外市政债券评估方法和制度以及我国的财政分权制度的理论基础；实证分析部分，重点研究了广东省市政债发行信用评级的具体指标体系和做法，提出改进评级指标体系的措施；市政债信用评级的制度设计部分，重点研究了现行的信用评级指标体系和信用评级制度存在的缺陷和不足，提出改进和完善的方向；政策建议部分，通过对广东省市政债券评级的实证分析，提出改进后指标体系和制度的完善方向，分别从国家财政分权的宏观层面战略定位、地方政府基础设施建设融资制度的改革创新特别是评级制度等方面提出政策建议。

本书的技术路线如图 1-1 所示。

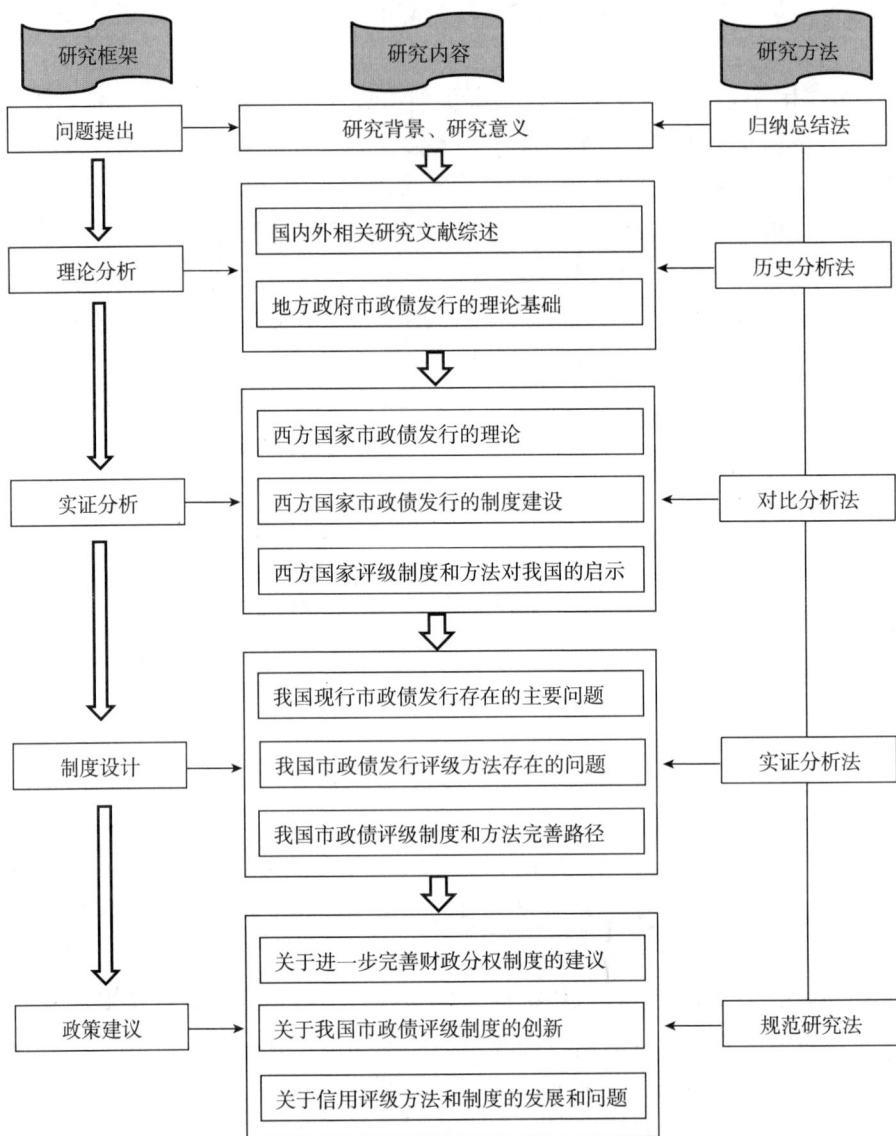

图1-1　我国地方债信用评级改进研究技术路线图

二、内容及结构安排

本书的研究内容和结构体系，主要包括以下七个章节：

第一章是导论。本章主要介绍研究背景及研究目的，系统说明研究的逻辑思路与主要研究目标、结构与方法，总结现有研究的创新与不足等。

　　第二章是对我国目前地方政府债发行评级方法和制度研究的文献综述。本章通过对国内外相关文献进行较为详细的收集、整理，联系实际梳理了西方国家与我国市政债券发行评估的前沿问题，包括市政债发行评级的界定、评级制度的必要性、评级的方法和指标、评级对筹资成本和风险的影响等，为进一步展开研究奠定基础。

　　第三章详细介绍我国地方政府市政债评级以及评级指标体系建设和发展的历史与现状，通过对历史和现状的研究，梳理市政债发展的脉络和原因，研究财政分权制度的影响以及存在的主要问题，研究我国地方政府财政负债的评级历史和评级指标体系的建设，为后续的研究奠定基础。在研究了我国地方政府市政债发展的原因、现状和发展的历史沿革，以及我国地方政府市政债发展中遇到的主要问题和产生问题的原因的基础上，重点分析不同阶段我国地方政府负债的评级程序、评价指标体系和方法，研究我国地方政府地方债评级发展和演变的历史过程，从中找出有规律性的信息。

　　第四章研究了西方国家特别是美国地方债信用评级制度、方法及指标体系和做法，通过这一章内容的研究，可以学习国外先进制度和技术标准，为我国市政债信用评级体制、方法和制度的改进提供经验及教训。本章主要是以美国市政债评级制度、方法及指标体系为例，重点介绍了美国市政债的发行方式及评级方式，美国地方债评级出现的问题及处理方式，美国地方债发行评级方式、指标体系和关注重点等对我国的启示。

　　第五章针对我国地方政府债券发行中存在的问题，提出我国地方政府债券发行过程中评级制度和评级指标体系应该建立的评级模型，包括模型的介绍、自变量的选取以及分层指标的含义和比值，并根据评级模型对各省地方债进行量化评级。通过对目前我国市政债的评级和常用模型的研究，可以发现我国市政债评级的特点、指标体系和信用评级关注的重点。这一部分是本书研究的重点之一，通过这部分研究主要发现我国目前在市政债券评级中存在的技术问题和制度问题。

　　第六章是对相关指标体系和风险评估模型的实证分析。本章对新建立和完善的信用评级模型和指标体系以广东省为例，主要从新设置的自变量和评级方法两个方面进行验证，并且通过新的评级指标体系和方法对广东省各地市的地方政府债券进行评级分析，验证评级方法的准确性和评级指标的客观性。本章作为本书最重要的一个部分，运用模型对广东省地方政府债务违约率进行测算，并且根据我国财政政策发展趋势纳入了房地产价格和土地价格的波动作为变量，以土地财政依赖度作为变量分析其对信用评级的影响，且进行了测算。

第七章是关于进一步改进我国地方政府债评级指标体系和完善相关评级指标的建议。本章提出改进我国地方债务评级应建立一个全国统一的评级指标体系和完整的评级指标的政策建议，并且提出组建全国性的地方政府债评级公司，进行公正、完整、权威的地方政府债评级，以此化解我国地方政府债务风险，规范地方政府负债行为，严肃地方政府负债纪律。

第三节　研究逻辑与方法

本书的研究逻辑是以存在的问题为导向，即沿着提出问题—分析问题—解决问题的逻辑路径进行研究。研究过程十分重视研究方法的多样性。本书采用的研究方法包括归纳总结法、实证分析法、对比分析法和历史分析法。

一、归纳总结法

本书使用了归纳总结法，通过多种渠道收集关于国内外地方政府债券评级制度和方法、评级指标体系设计的相关信息，在深入研究国内外参考文献的基础上，对我国地方政府债券发行的历史、原因和特征进行了框架性的分析与归纳；总结了我国地方政府债券发行的机制、产生的原因，梳理了地方政府债券评级模式和运作模式。在充分归纳总结国外主要是美国市政债发行评级的经验和做法的基础上，结合我国国情设计出新的评级指标体系方案。

二、实证分析法

本书以我国地方政府债券发行较为先行的广东省为例，探索具有中国特色的地方政府债券评级制度和评级方法以及指标体系。

三、对比分析法

本书的多个章节都使用了对比分析法，通过对中美市政债券不同的发行评级体系和不同的评级方法的相互比较，总结了我国地方政府债券发行评级的背景、规模、特点等，通过对比分析为进一步展开研究提供了参考和借鉴。

四、历史分析法

首先，通过对我国财政分权制度的研究，分析我国地方债出现的历史逻辑，研究新中国成立以来我国是如何对政府负债进行评级、如何确定评级指标体系的，研究新常态下我国地方政府债券面临的新要求以及地方政府城市基础设施建设面临的客观需求，从历史发展的角度分析地方政府发行地方政府债券的合理性。其次，遵循历史发展的逻辑路径，在提出了我国地方政府债券发行评级的制度框架、原则下，进一步研究和明确如何建立和完善我国地方政府债券发行评估体系的指标和层次。最后，从历史发展的高度，对我国地方政府债券评级制度和指标体系的发展方向进行了规划建议。

第四节　创新与难点

一、创新点

1. 地方政府发行地方政府债券应有一个科学合理的评级指标体系，现有的评级指标体系在指标设置和评级方法方面都有很大的改进空间。结合我国现有评级方法和指标设置，本书提出新的评级指标体系和分层次指标，对今后进一步完善我国地方债券评级具有理论探索意义和操作上的参考价值。

2. 本书针对我国地方政府债券存在的问题，结合目前我国财政体制改革发展的新趋势，提出我国地方政府债券发行过程中评级方法的改进建议，并在模型中加入了关于房地产价格波动的变量，研究地方房地产价格对于地方政府债务风险的影响。同时，还提出了地方政府对于土地财政依赖度以及土地交易与地方政府债务违约风险相关性的假设。本书通过模型进行量化分析，建立科学合理的地方债评级模型和方法，合理确定不同地区的融资成本，为我国地方债评级研究提供新的视角和思路，并为提高地方政府的管理水平和管理能力，更加客观地评价地方政府的还款能力提出建议。

3. 本书通过对我国地方债信用评级方法的改进研究，更好地制定科学的地方政府债券评级制度和体系。通过提高地方政府筹资信息透明度来提高地方政府的信用等级，通过运用更加客观和科学的信用评级方法进一步完善我国地方政府债二级交易市场，建立独立的市政债监管人制度，最终达到提高政府信用风险管理能力的目的。

4. 本书系统梳理了国际上先进的评级方法和评级指标体系，并且进行了详细分析与比较。长期以来，很少有人系统地从制度变迁的角度研究美国地方政府负债信用评级指标体系的优劣和指标体系的完整性与实用性，特别缺乏对美国地方政府负债评级中使用的指标和指标体系的可采用度的评价分析，应从中找出值得我国借鉴的指标和指标体系，找出可为我国借鉴的经验和做法。

二、难点

1. 本书在研究过程中遇到的主要困难是数据不足。我国地方政府债券发行是从 2015 年开始的，尽管以前中央政府代地方政府发行过地方政府债券，但其信用评级是由中央政府担保的，不算真正意义上的市政债发行，而真正意义的市政债是从 2015 年开始发行的，至今有 6 年多时间，相关数据不足。

2. 本书的研究角度较新，还需要经过时间的不断检验、不断完善，本书只是向前推进了一小步。一些政府发行市政债的数据也很难获得，笔者只能做大致的推算，还有一些经济金融数据亟待更新。

3. 由于我国政治制度和经济体制与西方国家差距较大，在地方政府负债指标体系和风险评估指标建立方面可以参考的资料和数据不多。不同省份之间经济规模差距较大，偿债能力差距也较大。在建立具有中国特色地方债评估指标体系和风险评估指标时，可能还需要考虑到我国不同地方的发展特性，否则，部分经济欠发达地区可能会受到负债加大的影响。

第二章　地方债信用评级指标及
指标体系研究的理论基础

本章在研究地方政府债券发行的一般理论和一般规律的基础上，重点研究市政债发行评级的表现形式和风险评级指标体系，在研究地方政府一般市政债发行的基本概念与原则的基础上，重点研究地方政府负债风险评价指标确定的基础和风险评级指标体系的广度和深度。

第一节　地方债的基本概念、分类与功能

一、地方政府市政债的概念与分类

1. 地方政府市政债发行的概念

美国是地方政府市政债发行最早的国家，其市政债的发行始于19世纪20年代，当时美国完成西部大开发后城镇化基础设施建设迅速展开并进入快速发展阶段，各州已有的税收不能满足城市基础设施建设的需要，银行贷款除了风险以外还有不少附加条件并存在不透明和寻租等问题。在极度缺乏基础设施建设资金的背景下，地方政府即州政府与公共部门通过发行市政债筹措建设资金。到20世纪70年代，市政债券成为美国地方政府基础设施建设资金筹集的主体。同时，在西方市场经济较为发达的国家，市政债券逐步成为地方政府筹集基础设施建设资金的主要形式。市政债券是地方政府自行发行或者委托专门机构发行的有价证券，发行主体为地方政府。市政债券需要以地方政府的税收及项目投资后的收益作为偿还资金。市政债是地方政府、公共企业在相关法律的约束下向社会发行的债务凭证，是地方政府为基础设施建设融资的一种工具。同时，因为市政债是政府和公共企业发行的，所以其既是国家公债的重要组成部分，也是金融市场的重要组成部分。

2. 地方政府发行的市政债的分类

美国是地方政府发行市政债最为活跃的国家，也是市政债发行管理法律制度最完善及市政债发行品种最多的国家。从美国地方政府市政债发行的情况来看，市政债大体分为两类：第一类为一般责任债，以地方税收作为偿债资金。第二类是收益债，以投资项目的收益来兑付到期债务。此外，还存在混合型市政债。混合型市政债需要以特定税款来兑付到期债务。从美国政府发行的地方政府债的组成看，地方政府发行的收益类债是市政债的重要组成部分。

二、市政债发行市场特点和自身功能

1. 市政债发行市场特点

与国债、税收、其他融资工具及其他基础设施建设融资方式相比较，市政债有以下几个特点：一是地方政府市政债券的信用度较高，信用评级仅次于国债。一般责任债券以地方政府的税收作担保，收益类债券除了项目未来的现金流外，地方政府基金一般也会为其提供担保。与公司债券相比，市政债券发行比较符合法律规范和上市条件，严格的监管、严格的法律制度和规范也提高了市政债的信用度。二是从统计数据来看，美国市政债的违约率低于1%，在金融市场中的信用等级历来较高。市政债信用等级高，就容易被市场接受，经过多年发展，市政债已经成为美国金融市场上最具投资价值的债券。三是融资成本低。联邦政府对市政债实施免税政策，降低了市政债的融资成本。市政债的担保制度和透明的信用评级，进一步降低了市政债的融资风险。四是使用期限优于银行贷款。与银行贷款相比，政府债一般使用期限较长，符合基础设施建设要求。五是对市政债融资的使用范围有法规限制，必须投资到公益项目和城市基础设施建设项目中，在社会的监督下，一般不会被挪用。六是地方债期限长。美国的经验表明市政债主要用于交通建设、医疗服务场地建设以及城市公共设施建设、教育场所、城市路况改造以及公共卫生、供水、废旧物体处理等基础设施及公用事业项目的建设，市政建设周期和回报期较长，要求筹集的资金使用期限也较长。而我国目前的地方融资方式债务期限过短，一般不会超过五年，无法与建设周期相匹配。市政债可以很好地解决这个问题。如美国市政债的平均期限一般在15年，甚至可达50年。七是流动性较好。由于有政府税收作担保，市政债易被市场接受，投资者转手率极高。相对于其他债券，市政债二级市场更发达，市政债的发行与交易制度较为完善。

2. 市政债券的功能

市政债券发行和筹资的初衷，在于解决地方基建资金缺口、促进城镇化发展、使经济资源转化为经济优势、扩大社会总需求。其主要功能有以下三点：一是对地方政府的税收及支出起到平滑作用。当地方政府项目建设资金缺口较大时，市政债是解决资金缺口、最好最及时补充资金的选择，避免地方建设资金不足导致的发展过慢问题。二是筹集闲置资金用于地方基础设施建设。由于市政债安全可靠且流动性较强，对社会闲散资金的吸引力巨大，可以最大限度地动员社会资金参与。三是促进地方资源的优化配置。金融市场对市政债的投资者，包括机构投资者、金融机构及社会公众，无论是哪一部分投资者都会减少其他方面的投资。地方政府又会通过发行市政债融资扩大基础设施建设投资、增加公共产品，使金融资源通过金融市场得到优化配置。地方政府也通过发行债券融资，促进地方经济的发展和资源的优化配置。

三、市政债的管理模式

1. 市政债的管理模式

地方政府市政债的管理模式是指对其审批、发行、使用、偿还、风控过程的管理，不同的管理模式起着不同的作用、扮演不同的角色。以市政债最为发达和管理最为规范的美国为例，按照财政分权强弱程度不同，市政债的管理模式分为四种，第一种是完全交由市场的约束模式；第二种是中央和地方政府协商管理地方债模式；第三种是中央政府制定规则，以规则约束地方举债；第四种是中央政府直接下放管理权限，以行政手段控制地方债。

2. 市政债管理模式需要注意的问题

在地方债的管理中有两个问题值得关注。第一，单方面强调资本市场的作用，认为地方政府具有负债风险，不会超经济规模发债。如果中央对地方财政存在软约束，资本市场监管又不到位，融资的风险就比较大，如果还款能力有限的地方政府进入金融市场融资，地方的风险将会转移到金融市场。第二，分权管理的难度非常大。由于我国监管体制不完善，市场硬约束力较差，发债放权风险很大。而分权的关键是软化或者硬化政府间财务关系中的各种重要因素，包括中央援助地方的历史、政府上下级之间的责任和义务的再分配、不良资产的重组方式、支付转移体制的成熟度、金融的混业经营，以及地方政府的道德风险程度。

3. 地方政府债券中的软约束问题

目前，对地方政府的间接软约束一直未引起人们的重视。例如从我国银行与政府的关系中可以看出，由于国家控股，我国的银行对地方政府不能形成硬约束，同样我国中央银行也难以对国有商业银行流动性进行直接调控。地方政府是中央的地方派出单位，中央财政对地方财政形成不了硬约束。地方政府不能作为独立主体，中央政府不可能不对其进行援助。在现行体制下，我国地方主要官员由上级委任，或由地方人民代表大会选举产生。在这一体制下，地方政府官员重视对上级负责，而不太强调对当地民众负责，对地方债务的负担并不十分关心，这一委任关系决定了中央政府对地方财政问题不能形成硬约束。

4. 市政债的评级指标和指标体系建立问题

随着我国社会信用体系的建立，社会各界开始对选用什么样的指标体系给予极大的关注，但是我们应该看到，自新中国成立以来，我国由于实行高度集中的计划经济体制，并不存在评级机构和评级指标体系，在计划经济体制下，信用评级这一与市场经济高度相关的市场业务并没有存在的必要。从这个角度看，在相当一段时期内，我国财政统收统支，地方政府没有发行债务的职能，所以，也就没有必要建立信用评级体系和评级的指标体系。但是，随着我国经济体制改革的不断深入，"大一统"的统收统支财政体制被打破。随着财政分权体制的建立，信用评级以及采用什么样的信用评级体系和指标被提上议事日程。在国内债券市场不断发展及货币借贷关系日趋复杂的背景下，市场对评级指标体系的需求日益强烈，对政府发债评级的要求不断提高。为适应我国政府负债的新形势且为了规避地方政府负债的风险，我国开始建立和不断完善地方政府信用评级及信用评级指标体系。

第二节　市政债发行评级的方法、特征和必要性

一、信用评级机构与评级方法

1. 信用评级的定义

信用评级是指依靠专业独立机构通过独立客观公正、科学综合分析和评价，对债务人到期的违约概率或者违约的潜在可能性进行预测，评估违约可能给投资者带来的损失程度，并在此基础上用一套系统计方法进行计

分，用不同的等级符号将评估结果揭示给投资者和市场。信用评级作为一种社会中介活动，具有如下特点。

一是公正性。信用评级一般由独立的评级机构做出，通过一定的渠道向市场公开，向投资者提供被评级对象的信用风险评级，帮助社会正确认识投资风险。因此，评级机构必须站在客观公正的立场，不应该因为已经存在的商业关系而受到影响，在避免利益冲突的基础上，向社会提供客观公正的评级结果。

二是客观性。信用评级是对评级对象违约的可能性进行评价预测。对被评级对象自身信息、市场发展情况及自身环境信息进行客观评级，在评级过程中，评级机构必须保证评级基础数据和基础资料的真实、准确，评级方法必须严谨、系统和科学。

三是信用评级的有效期。信用评级是动态的，经过一段时间后要重新评级。当评级对象的生产经营以及基础资料信息发生变化时，必须重新对其进行评级，评级机构应及时掌握被评估对象的信息变动情况，及时调整评级结果，并通过相关途径向社会发布。

信用风险实质上是负债人违背前期承诺到期不能兑付而形成的风险，即债务人不履行还债责任、投资者不能按期获得本息收入。违约概率、违约损失率、违约风险暴露和债务有效期是信用风险的四个基本要素。一般信用评级包括评估和排序两个步骤。第一步，即对借债人开展信用风险评估，就是对违约不能按期兑付的可能性与损失的概率进行预测评估；第二步，即对风险评估结果划分不同等级，用专用符号标注，用信用级别符号对损失率进行确定，用信用等级符号表示违约的风险度。

2. 信用评级的对象

信用评级对象是信用主体，并不是对所有投资风险进行评估。信用评级关注被评估人的流动性以及与投资相关的因素。信用评级的主要制约因素是资金、收益率和未来风险，一般分为发行人主体长期信用评级和债项评级。发行人主体长期信用评级主要针对债券发行主体人整体信用状况，主要包括实行债务融资的任何主体，为特定融资者提供担保的主体，经营活动中担任资信责任的主体。债项评级主要是对发行主体发行的特定金融工具展开评级，包括债券、可转换债券、商业票据、结构性融资工具等。按照负债产品负债期限的限定，可将债务评级分为长期和短期债务评级。长期债务是指兑付期超过一年的债务，短期债务是指偿还期在一年以下的债务。按照被评级主体是否愿意接受评级，可将信用评级分为主动评级和被动评级。主动评级是评级机构可以获得被评级主体的密切配合，可以掌握较为全面、完整、可靠的信息，得出较为真实可信的评级结果。被动评级是评级机构自己根据已有的公开信息对有关评级主体展开评级。被评级工作往往是应投资者的要求进行的，非被评主体的真实意愿，可能会因缺少基础资料造成评级资料不完整，在一定程度上导致评级结果失真。

3. 信用评级的中心内容

信用评级是对负债人的违约概率及违约后的损失程度进行的评估，其核心就是债务违约的可能性及违约后的损失程度。信用评级不是对绝对违约率的度量，而是对发行人和债务总体信用质量的相对排序。信用评级不是对违约时间和预期违约的直接干预，而是对违约风险的客观排序。风险评估时，不但对绝对风险进行评估也对相对风险进行评估，但对信用风险的最终判断是基于绝对风险评估。应该看到相对信用风险排序与绝对风险评估相互影响和制约。信用风险评级一般采用绝对风险评级方法，绝对与相对风险在逻辑上互为因果。评级不是对兑付违约可能性的预测，而是通过对未来现金流进行预测来评估发行人未来现金流补充能力和再造能力，通过分析负债人历史现金创造能力以及制约的内外部因素，估算发行人的现金变动趋势。未来产生现金流受诸多因素的影响，其中包括国家政治风险、中央政府的政策风险、产业政策调控的行业风险、发行人经营管理风险等，评估机构对这些因素进行科学评估，并预测未来现金流产生的可能结果。另一部分内容是分析判断债务发行人当前和未来的债务还款能力，从而预测发行人未来违约的可能性。

4. 信用评级的原则

信用评级原则是信用评级工作的纲领性文件，是评级机构评级理念的核心内容。信用评级行业在上百年的发展历程中，已经形成一些公认的评级原则。在信用评级中，信用评级质量一般要注意"稳定性"与"一致性"。

稳定性，是指信用评级机构的评级体系、方法、标准、模型及其结果应在较长的时期内保持较高的稳定性。

一致性，是指在真实揭示了信用评级对象基本信用质量的基础上，评级结果应满足"同信用等级、同信用质量"的要求。其主要包括以下两层含义：第一层，评级机构在评级过程中所采用的评级程序、评级方法应与机构公开的程序和方法一致，评级结果应客观一致。从我国的情况来看，

2016 年中国证监会因评级机构在评级的程序或方法上没有达到客观一致性的要求，给予 6 家评级机构及其相关人员处罚并出示了行政监管函。第二层，评级机构从事评级业务，应当遵循一致性原则，对同一类评级对象评级，或者对同一评级对象跟踪评级，应当采用相同的评级标准，工作程序也应要求一致，这也是各国监管部门均严格要求的。

以下总结和梳理国内外主要评级机构的评级原则。

全球三大评级公司——穆迪、标准普尔和惠誉采用的评级原则最具代表性，也构成了评级原则的国际惯例。穆迪信用评级无论是对主体评级还是债项评级，都遵循如下基本原则：一是定量与定性相结合；二是强调定性分析；三是关注长期信用品质；四是注重现金流量的分析和预测；五是强调全球评级的一致性；六是合理的不利环境假设；七是明晰不同会计准则下的会计数据。标准普尔在主体评级和债项评级时，一般遵循以下准则：独立性、客观性、定量与定性相结合、强调信用评级的前瞻性、重视现金流分析。惠誉进行各项评级业务时，一般遵循如下基本原则：注重实地调研、获取第一手材料；定量与定性相结合，强调定性分析；注重行业差异和全球一致性；侧重对未来偿债能力和现金流的评估。综合比较来看，"定量与定性相结合，强调定性分析" "关注长期信用品质" "注重现金流量的分析和预测" 三大原则是三大评级公司的共同选择。

国内信用评级的三大公司是中诚信和联合，采用的信用评级原则在国内最具代表性。中诚信主体评级或债项评级遵循如下基本原则：个体评级与支持评级相结合；质的分析与量的分析相结合；历史分析与未来预测相结合。联合主体评级或债项评级遵循如下基本原则：定性与定量相结合、宏观与微观相结合、将未来现金流的分析放在绝对重要位置、评级应具有前瞻性可比性与一致性、评级应跨经济周期。"定量与定性相结合" "关注长期信用品质" "一致性与可比性" 三条原则是当前国内评级行业相对重视的评级基本原则。信用评级强调在定量与定性分析相结合的基础上，探究发行人的长期信用基础及其变化，考虑未来各类违约风险的可能性，关注未来现金流量的构成，采用多变量指标，运用二维判断方法对相关风险进行判断，并注重不同地区、不同行业内评级对象信用风险的相互比较。此外，信用评级强调评级结果的一致性和可比性。信用评级主要从偿债意愿和偿债能力两个方面进行评价以确定信用级别。按照评级对象不同，可以分为两块：国家或政府主体信用评级和单项债信用评级。国家或政府主体信用评级是对负债人或地方政府的主体资格和信用质量的评估，包括对主权国家及各级政府的信用风险评级、省一级机构的信用风险评级、金融机构的信用风险评级、金融市场交易者的信用风险评级等。主权国家或者地方政府主体信用等级是其违约概率的代理变量，或是估算主体违约概率，或是对主体发行的债务工具违约损失率进行评定。债项信用评级是对发行人特定的某项债务的相对违约风险的评价，包括长期债务评级和短期债务评级，其信用等级是根据发债人的未来违约概率或者投资项目违约损失率的预期测算的。对同一主体而言，债项评级一般是在主体评级的基础上进行调整。负债人有无担保与违约率之间存在较密切的关联关系，有担保债或者无担保债务违约率之间会产生一定的浮动差距，负债主体信用级别与一般无担保债务或高级无担保债务等级会有差别，会导致负债主体信用评估标准出现偏差，也就是说债项评级是在主体评级的基础上考虑增信以及产品结构等综合得出来的结果。

二、政府的主体评级与信用风险评级

1. 国家与地方政府主体信用评级方法

国家或者地方政府主体评级主要是对债务主体信用风险可能性的评估，这个风险包括政府主体的评级、企业评级、金融机构评级、金融市场参与者评级等。对国家或者地方政府、债务发行人进行的信用评级，是用来评估主体和债务人未来偿还全部金融债务可能性的，是对发行人还本付息能力的一个评价。所谓评估就是对负债人清偿债务能力及违约可能性的综合评价，一般不对特定的项目或债务进行评级。用来表示主体评级的符号一般为英文字母 AAA、AA……CC、C。对国家或者地方政府主体信用评级的目的是评估政府的信用风险，基本思路是从被评级对象未来可能的收入和现金流入手，评估被评级对象面对的经济走势、产业动态、政策趋势、监管宽松程度等因素，以及被评级对象经营理念与管理能力、财务收入风险等因素的影响，用定性和定量相结合的模型进行计算，对未来兑付本息的趋势作出判断，预测信用风险度。项目债或者单项债的评级是对负债人发行的单项债务的未来违约风险的评估。单项债的评级由长债和短债评级两部分组成。对一年以上的债项进行长债评级，对在一年以内的债项进行短债评级。长债评级一般表现为对负债人按时偿付本息的能力和可能存在的风险的评估，是一种对风险发生的可能性的评估，债务的特性和增信情况将影响评估水平。长债评级用英文标识为 AAA、AA……CC、C。短债评级是对负债人短期债务偿还能力的判断。评级结果与短期债务的特性以及增信情况有关。短债评级用英文标识为 A、A-、A--、B、C、D。在对负债人的信用进行评级时，负债人的违约概率是最主要的参考因素，它直接导致投资者的损失，也是信用评估需要重点考虑的因素。当债务发行违约时，法律会要求负债人保证单项债的偿还。所以，不论什么性质的负债，如果违约概率不变，都只能改变其融资的成本加大负债人的本息负担。对违约概率的评估，要特别关注发债人的负债基础，负债基础决定未来的还债能力。一般情况下，根据被评估对象的差异，会在信用评级的基础上进行微调，这种微调被称为"次级调节整合"或"小级别调节整合"。差异调整的最小计量单位是刻度（Notch），用"＋"或"－"最终生成相对更小的级别跨度，如英文符号表示的 AA 至 AA+，AA-到 AA。单项债级别相对于主体级别的调整范围一般为 1~3 个刻度，即以政府评级为中点，上下滑动，滑动的幅度由债项本身的风险决定。

2. 债务项目的评级方法

债项信用级别与主体信用级别可能会不一样，这是因为债项信用级别可能在被评级的主体信用级别上下移动。条件不变时，单项债信用风险级别高于主体风险级别；偿付能力差的债券，其信用级别一定会低于其主体的信用级别。如果主体信用级别降低，其评级的重要性就会不断加大，债项的信用等级调整幅度也会增大。无担保债的信用风险级别大致与主体信用级别相同。主体如果有担保或其他增信保证，那么它的信用级别通常会随着担保方信用等级的提高以及增信保证效果的改善而提高，其信用级别可能高于主体信用级别；如果清偿顺序低于一般债务，其信用级别一定低于主体信用级别。主体自身信用评级与自身特定债项评级大体一致，即使出现差异也不会太大。作为一个主体，二者的差异不大，单项债的评级是在主体评级的基础上进行的，一些调整是存在的，但调整不会导致主体的风险评级发生根本性改变。

三、市政债信用评级的特征和必要性

1. 市政债信用评级的特征

市政债大致分为一般责任债和收益债。一般责任债券将地方政府作为评级对象；收益类债券将政府收益类项目企业或单位作为评级对象。市政债信用评级的特点主要表现在以下四个方面。

第一，市政债信用评级包括较多的因素和内容，对一般责任债券而言，市政债信用评级对一个地区的经济、财政、投资与债务以及政府信用影响重大。相对于收益类债券，市政债信用评级可以表明地方政府的经营、管理和债务偿还状况，评级的结果具有信息导向的作用。

第二，市政债信用评级是一种发债前的评估，评估的目的是通过为社会特别是投资者提供发债人的信息，减少投资者的风险损失，这种评估具有时效性。因为随着时间的变化被评估人的信用风险也会发生变化，所以评估工作也要随之调整。

第三，以简洁的字母数字组合和符号表明被评估对象的风险等级，较为简洁。

第四，市政债信用评级一般由专业和独立的机构独立公正地进行，在评级过程中不受外界因素干扰，不被权力和利益左右，能真正反映风险的可能性以及损失的可能性。

2. 进行市政债信用风险评级的必要性

第一，信用评级对投资者来说是至关重要的。信用评级机构对被评级人的信用风险进行分析，分析的目的是为投资者服务，揭示地方政府可能存在的相关信用风险，保证公众的知情权和投资者的知情权，通过评级可以增加政府信息的透明度，便于公众根据信息披露状况进行监督。由于其对金融市场影响重大，目前已经成为金融市场交易和定价的重要依据。对于地方政府而言，在金融市场提高信誉度、降低融资成本是其追求的首要目标，而债券的信用评级是降低筹资成本的重要途径。地方政府的信息披露比一般企业难度要大，这是由政府的特征决定的，但不能因此不披露政府的有关信息，否则将会加大金融市场的筹资成本。

第二，从地方政府角度来看，信用风险评级是降低地方政府融资成本最好的方法。为了减少人为的干扰因素，必须依靠金融市场对债券的成本进行评估和判断，而这一前提就是利用独立评级机构对不同地方政府进行科学评估。不同经济发展水平的地方政府，对信用评估的要求是不同的，但评估的标准只能有一个，否则评估就具有主观性。

第三，科学统一的评估标准有利于监管部门的统一监管。我国作为一个经济发展水平区域差距较大的国家，需要一个统一的监管标准，不能因地而异，也不能因人而异。所以，在对地方政府进行信用风险评估时，必须考虑我国监管政策和措施的统一性，这就要求各地政府不能强调自己地区发展的特殊性，统一而独立的信用风险评估就是对监管统一性的最好保证。

第四，国外市政债发行和评估的经验证明信用评估是政府债科学发行和合理使用的保证。美国是市政债使用最好的和使用效率最高的国家，全美5500多家市政债发行主体，就是因为采取了科学和独立的信用评级，所以很少发生违约事件。据美国政府有关主管部门统计，自发债以来违约率未超过1%，这一比例远远低于同期其他债券，发生违约的部分最终在有关部门的协调下，也保证了本息兑付，这一点值得我国地方政府借鉴。信用和风险意识一定要加强，不能为追求政绩而发债，不能不顾及地区经济发展水平和财政收入的水平超限额发债，应该借鉴美国的经验，用风险评估制约发债规模，用金融市场决定的融资成本制约地方政府融资。

四、关于市政债信用评级的认识和判断

从以美国为代表的西方国家市政债发行使用的经验来看，西方发达国家市政债之所以能健康发展、作用显著，信用评级是保证和重要条件。美国有全球著名的三大评级机构，分别是穆迪、标普和惠誉评级公司，它们承担了对美国各州、市、镇、学区等市政债的评级，信用评级在识别市政债信用风险方面发挥了作用。在20世纪80年代到2010年这30年间，美国各级政府市政债共发生了2339起违约事件，但最终通过债务重组和并购转让等方式，投资者的本金及利息未受到损失，与金融市场的其他投资方式或者其他投资项目相比较，市政债市场受到的损失是最小的，评级起了关键作用，通过评级可以客观地揭示信用风险，从而保护投资者的利益。

三大评级机构对于地方政府评级主要共同关注三个方面：一是均关注地方政府的自身信用质量；二是对地方政府的行政体制、经济、财政、管理和债务等关键要素分析非常透彻；三是对美国本土地方政府和国外地方政府的信用评级采用的要素是相同的。这些要素的选择也将为我国的实践提供有价值的参考。

我国信用评级最常用的有两个方法，一是综合指标法，即对评级对象的信用风险的各个影响因素进行综合评价，用数量分析方法对所有的因素进行量化分析，并对所有指标确定一定的权重，最后进行综合评价得出相应结论。二是根据对评估对象的常规性了解，对债务规模上限进行综合估算，并以此估算结果对评估对象的债务提供事前预警。

五、对我国地方政府信用评级体系与评级指标发展的评价

与西方市场经济国家不同，我国地方政府市政债的评级与评级指标体系的建立与发展一直是由政府主导的。改革开放前，由于"大一统"的计划经济体制，中央财政掌控着国家全部财政资源，地方政府不具备发债的法律条件和行政条件。随着我国经济体制改革的深入，地方政府的定位和职能发生重大转变，转向主要承担地方经济发展和基础建设，这一转变要求地方政府有足够的财力来支撑。分税制的财政体制改革为地方政府提供了债务发行的可能，随着 2015 年中央批准地方政府可以以省级为单位进行融资，地方债的发行成为现实。但是，长期以来我国没有资信评估体系，更没有地方政府负债评估体系，这就在现实中出现一个问题，地方政府负债的评级体系由谁建立，建立什么样的评级指标体系才能完整、准确地反映地方政府负债的真实情况。由于我国改革开放是自上而下进行的，作为"大一统"的国家，我国绝大部分的改革依靠顶层设计，底层执行推进。我国地方信用评级体系也是由国家主导建立的，这一体系与西方国家纯粹市场主导的评级机构和体系不同，虽然我国市场主体也积极参与了评级体系的建立，但一直在政府主导和调控下运行，由于经验不足且开展得较晚，我国地方政府负债评级指标体系更多的是学习美国的做法，引进美国市政债评级制度和指标，我国地方政府负债评级不完全等同于纯粹的市场评级。

第三节　地方政府市政债发行与信用评级的理论基础

地方债信用评级首先是地方政府负债，然后才可能有负债的评级及评级指标体系的建立。因此，研究地方政府负债的评级离不开相关财政理论和风险理论。

一、资产组合与公共财政基本理论

1. 现代资产组合优化理论

马柯维茨（1952）[①]在学术界第一个提出了现代资产优化组合理论。其目的是对投资者基于风险偏好和不满足性两个特点展开分析。马柯维茨认为风险偏好是一个重要视角，投资者首先是选择规避风险。厌恶风险是投资者的天性，如果投资者选择投资组合或者以投资工具进入市场，一定会将稳妥投资放在第一位，而将收益放到第二位，一般情况下，在确定有关投资收益组合时，投资者选择的投资组合标准差都比较小。如果投资者不惧怕市场风险，他选择的资产组合将偏向高盈利和大标准差，以投资收益最大化为最大目标。一般情况下，投资者的投资效用由投资的预期收益率和预期风险之比决定。投资者总是追求投资利润最大化，对风险的规避与获利追求是市场结构不断优化的推动力。从风险规避和追求投资收益最大化方面分析，规避风险和寻求收益最大化对金融市场的影响不同。一是带来的风险不同，金融市场中投资者的个人投资风险是个别风险，但金融市场自身失灵对应的是系统性风险或全局性风险。二是投资者个人在金融市场中的风险及盈利的前提是金融市场必须具备一定的深度、广度和足够的规模，要有完全竞争市场的"风险—收益"投资产品，这样才能为投资者提供广阔的金融市场投资空间。制度性的风险和系统性的风险主要是由金融市场制度决定的。从个人投资风险和金融市场制度发挥程度看，我国的金融市场不论是市场广度、深度还是产品多样性都存在较多的问题，特别是投资渠道少、主要依靠间接融资、金融市场的深度广度与西方发达国家相比较差距较大，法治建设也较为滞后。基于资产组合理论，市政债在进一步完善金融市场投资品种、扩大直接融资比重和要求市场透明信息披露方面，促进了我国金融市场直接融资和间接融资的进一步发展。

2. 委托—代理理论

早期的契约经济学家提出了委托—代理理论，进入 20 世纪，金融走向经济舞台的中心，现代经济围绕金融运行，为了消除金融市场中的严重信息不对称，促进金融市场交易者公平交易，委托—代理理论开始被广泛应用，被用作市场行为分析和交易行为修正。委托—代理是一种法律上的

[①] 马柯维茨. 现代资产组合的选择：投资的有效分散化［M］. 北京：首都经济贸易大学出版社，2000.

授权关系，这种授权是要求回报的。金融市场中，以授权为核心的委托关系本质上是单向关系；现代经济理论认为，委托—代理理论主要研究金融市场风险套牢问题，信息在金融市场中传递时间和速度不对称，在金融市场中或者在经济活动中，交易的一方可以在交易完成后作出损害另外一方的行为。从这一点看，委托—代理理论研究的是市场双向协调关系的理论，投资者和被投资者双方相互博弈或被套牢或同时受损。在金融市场广泛应用的委托—代理指向交易中的信息不对称，包括投资者的非理性选择、简单不完善的金融市场制度等，其核心就是要在信息不对称的情况下，研究如何为投资者设计最优契约机制及最佳投资组合。由于金融市场中存在信息不对称的情况，融资方拥有的信息一般会多于投资方，这种不对称的存在会导致风险。交易之前的信息不对称会使投资者作出增加风险、减少收益的选择，投资组合会降低收益率；交易中信息不对称，会导致双方出现道德风险，因为融资方融资后，会转移投向或者挪作他用。委托—代理理论认为，市政债制度具有优越性，因为在金融市场中，其信息都是最透明的。地方司法机构和监管人会进行监管履职，以严格的预算程序和事前控制制度为监管手段，为市场和投资方提供了充分的信息。所以，在地方政府发行的市政债券市场上，已经建立的良性的竞争秩序和充分的事后管理特征比较明显。这也就是我国政府开始通过市政债制度来解决当前地方政府融资市场信息不对称及其导致的一系列风险后果的重要原因。

二、公债理论与分权理论

1. 公债投资理论

西方国家最早的经济学家对财政收支平衡政策大为赞赏，坚决反对政府举债。其中代表人物有 Thomas Aquinas、法国财政学者 Jean Bodin 等。英国经济学家 David Humer 认为政府举债会加重国家的利息支出负担，催生剥削阶级，导致社会极其不公正，直至"公债可以亡国"。他认为，如果政府发行的公债被外国政府和个人所持有，会影响国家的独立性和健康发展，受制于别的国家。后来大多数古典经济学派也反对政府举债。如经济学前辈亚当·斯密（Adam Smith）就对政府举债进行了深刻彻底的批判，认为政府举债会减少国家现存资本，国家不可能直接受益，对国民经济持续稳定发展有害。经济学前辈大卫·李嘉图（David Ricardo）也对政府举债持否定和批评态度，他认为国家发行公债会减少社会公众消费的投入，消费的减少会对生产造成不利影响，阻碍社会进一步扩大国民经济再生产。从对公债研究理论的沿革看，早期古典学派经济学家反对发行公债主要是出于以下考虑：一是政府发行公债实质上就是将公众的消费资金和拟投入的生产资金转成财政支付资金，在一定程度上制约了即时的消费和生产增加；二是以政府负债来弥补国家财政收支赤字，政府当权者一定不负责任，出现道德风险，并导致建设资金使用效率低下；三是政府举债不但要还本金还要付利息，浪费人力、物力和财力，将进一步加大政府的支出负担；四是政府举债会带动金融市场利率普遍上涨，在一定程度上抑制社会投资，高利率阻碍社会再生产规模扩大；五是政府如果过度举债将加大国家财政风险，导致国家财政更加收支不平衡并进入恶性循环。但也有学者支持地方政府举债，代表人物有 James Steuart，他认为地方政府举债不会危害经济发展，并且因举债而增加了税收来源和税收，最终政府财政将形成良性资金循环；著名的凯恩斯学派也主张进一步扩大政府的财政支出，主张以政府举债来弥补支出赤字。支持的原因是公债无害，公债非债，公债促进经济增长并不会影响下一代人，并且认为政府举债是中央财政最重要的宏观调控手段。

20 世纪 90 年代中期，经济学家 Harvey Rosen 首次提出了必须关注政府对公众的隐性负债，他认为政府的负债既包括直接债务也包括隐性债务，更应该关注隐性债务问题。他将"隐性债务"和"或有债务"首次推向社会，对政府的负债第一次将传统赤字扩大到对社会的直接显性以及对公众的直接隐性、或显性、或有隐性四个方面，为科学合理地系统分析政府债务规模和形式奠定了框架基础。

到了 21 世纪初，学者对公债理论有了更深刻的认识。他们首先肯定公债对调控具有重大作用，代表人物包括 James Buchanan、Franco Modigliani 和 James Meade 等，这一学派认为政府举债应从两方面来看，好的方面是政府举债筹集资金可以将消费资金转化为生产性资金，政府举债的消极影响是将当代人的负债转移给下一代人，导致代际不公平。公债理论目前成为各级政府举债的重要理论依据，为政府举债提供筹集资金、使用资金、规避风险的理论指导。

2. 中央政府的财政分权理论

各级政府之间职权划分的基础是承担公共支出责任和义务以及各自的税收来源范围，各级政府必须清晰地确定各自之间的职责范围，一般情况下关系到国计民生的公共产品或者基础设施建设由中央政府提供；关系不同地区或者局部的公共产品和基础设施建设由地方政府提供。西方国家制度设计比较成功，美国政府做得比较到位，联邦政府和州政府以法律法规框架界定中央政府和地方政府间的支出职能划分（见表2-1）。

表 2-1　美国政府支出划分表

支出种类	责任归属		备注
	政策、标准和监督	服务和产品提供	
国防	F	F	全国受益
外交	F	F	全国受益
国际贸易	F	F	全国受益
货币、银行及政策	F	F	全国受益
洲际商贸往来	F	F	全国受益
个人转移支付	F	F	全国受益，再分配
工商业补贴	F	F	全国受益，工业政策
移民	F	F	全国受益
失业保险	F	F	全国受益
航空和铁路	F	F	全国受益
财政政策	F/S	F/S/L	全国受益，各级协作
管制	F	F/S/L	全国受益，各级协作
自然资源	F	F/S/L	全国受益，各级协作
环境	F/S/L	S/L	全国和地方都受益
工业和农业	F/S/L	S/L	有正外部性效应
教育	F/S/L	S/L	可转移支付
健康	F/S/L	S/L	可转移支付
社会福利	F/S/L	S/L	可转移支付
警察	S/L	S/L	地方受益
给水、下水和垃圾	L	L	地方受益
消防	L	L	地方受益
公园和娱乐	F/S/L	F/S/L	全国和地方都受益
州际公路	F	S/L	州级之间共同受益
省级公路	S	S/L	州级范围地方受益

续表

支出种类	责任归属		备注
	政策、标准和监督	服务和产品提供	
地区间公路	S	S/L	地区范围地方受益
地方公路	L	L	地方受益
转移支出权利	F/S	F/S	通过转移支付实现目标

注：F代表联邦政府的责任，S代表州政府的责任，L代表地方政府的责任。

资料来源：贾康. 地方财政问题研究［M］. 北京：经济科学出版社，2004.

从表2-1中可以看出，联邦政府与州政府之间财政支出责任分明，各自界限非常清晰，清晰的职责提高了各自的行政效率。西方经济学家认为，中央政府主要负责国家资源配置、经济稳定发展、收入均衡与分配公平，各级政府的职责是加强基础设施建设和公共产品服务。应该注意到，中央与地方的差异及地域差异导致中央和地方之间的责权矛盾经常出现。为了解决这个矛盾，可以采用财政分权的办法，分权不但可以扩大地方财权，还可以调动地方基建的积极性。如果要对二者的关系进行清晰的划分，就是中央政府负责具有全局性的基础设施建设和公共产品提供，地方政府负责对本地区影响重大的基础设施建设和公共产品项目，以此来分清各自职责，满足全国及不同地区公众需要。分权理论主张各级政府财政收入支出保持相对独立。

中央和地方之间的财政分权理论的核心就是处理收入与支出职责，明晰各自财权界限。地方政府比中央政府更为关注地区民生，中央政府应该在财政分权方面给予地方政府更大的权力。目前，经济体制转型的国家也正通过法律形式给予地方政府更多的财政权力，如我们知道的前社会主义国家和部分发展中国家（波兰、捷克和菲律宾及乌克兰等）。

三、现代风险管理理论

1. 风险价值 VaR 模型

20世纪90年代起，以 VaR（Value at Risk）损失为基础的风险管理方法被广泛地应用于财政和金融领域。J. P. Morgan 认为 VaR 可以是交易前最大损失的估计值，也可以是市场中举债人未来现金流头寸的确定值。但是理论界一般认为"VaR"应该被定义为"在金融市场汇总持有资产期间的最坏预期损失"。

2. 总体风险规避与管理理论（TRM）

虽然 VaR 风险规避与管理技术在风险定量方面具有重要的作用，但它在市场预测中的局限性是基于金融资产的现实损失的概率，风险规避和管理一般包括三个方面：风险识别、测定和控制，最终目的是对资产进行定量和定价管理，规避可能发生的风险，所以，仅靠单纯估算市场风险概率很难分析风险的全部内容。而 TRM 系统就是在改变现有的单一变量计量方法，即将价格和行为偏好风险进行综合分析，通过系统预估，在三个要素中选取最优风险管理和规避方法。这样，不但可以对金融市场的基础金融产品进行风险控制，还可以对以此衍生的金融产品进行控制，最终达到全面控制风险的目的。

TRM 理论和方法解决了包括 VaR 等理论在内的风险控制方法的所有不足，对风险管理和规避最可能涉及的价格、概率、偏好几个要素进行综合分析和系统管理，实现了金融市场风险与收益间的均衡，促使投资者为获取更大利益承担更多的风险。而且可以发挥决策机构的共同作用而不是单一决策者的作用，使得风险规避与控制更加民主和分散。

3. 全面风险管理（ERM）

20 世纪 90 年代发生的亚洲金融危机、2008 年爆发的国际金融危机使得金融风险凸显在世人面前，通过对此次国际金融危机起因的分析，我们发现，金融风险不是单一的而是复合的，导致金融风险的原因之间往往具有联动性和传导性。所以，对金融风险管理与规避不仅是对各金融机构或者单一金融产品风险的管理，而应从全球的角度对所有机构和产品进行风险的综合管理。全面风险管理理论目前已经被大家认可。ERM 的中心理念是：风险是传染的，在机构和产品以及各个市场之间，必须全面和系统的综合监管，反对单一监管。这就要求在金融市场中将风险涉及的各种资产与资产组合、机构，各个国家进行整合监管，全面综合地分析其相关性，并在一个框架下统一监管全球的风险。

四、信用评级的理论基础

1. 信息非对称性理论与信用评级

信用评级的产生源于信息非对称性，在市场交易特别是在资本市场交易中，为了降低信息非对称带来的危害，就产生了信用评级。信息不对称以及交易行为的透明度与交易行为的信息传递机制有直接关系，提高交易行为的透明度，建立交易行为的信息传递机制，可以在一定程度上解决信息不对称问题。为了增加交易行为的透明度，减少信息非对称性，建立信息披露制度是非常必要的。信息披露专业服务机构在降低信息不对称方面发挥重要作用。

2. 交易成本论与信用评级

交易成本论解释了信用服务的潜在需求如何转化为现实需求，进而揭示了信用机构的产生和发展的经济根源。交易成本论认为，交易成本是企业赖以生存的基础之一，由于交易双方需要相互了解对方的信用状况，既可以自己完成对对方的信用调查工作也可以委托专门的征信机构完成，但自己完成不够专业且成本过高，特别是在资本市场遇到的问题更为复杂。这时，专业征信机构的作用就发挥出来了。市场经济越发达，对征信的需求就越大，专业征信机构可以帮助投资者节约征信成本，提高资金运行效率。

3. 博弈论与信用评级

开展信用评级是实现不完全信息动态博弈均衡的一种手段。博弈论认为，企业总是寻找对自己最有利的策略并由此形成均衡状态。博弈论表明，如果企业不守信用，短期可以获利，但长期将无法获利并产生不守信的重大损失。特别是在资本市场中，企业信用的缺失，只会加大企业在金融市场运行的成本，并加大企业信用支出。所以，从博弈论的角度看，信用是企业长期博弈的基础而不是负担。

第四节　有关国内外研究文献综述与评价

一、国外对地方政府发行市政债的研究

1. 关于市政债具有免税效应的研究

市政债在西方国家如美国的市政基础设施建设和公共产品服务提供中作用巨大，西方经济学家对于市政债的研究已经相当成熟，关于市政债的研究主要集中在评级和风险规避方面。特别是对影响市政债收益率的因素、发行模式与规模方面的研究较为全面，并且切实解决了地方政府负债有关理论依据和具体操作问题。

美国金融市场上流通的市政债都是免征所得税的，即联邦政府和州政府不对其征税。这是其相比企业债的优势。西方经济学家对市政债免税的认识分歧较大：20 世纪 40 年代经济学家 Henry Simons 认为，免税对市政债

是不适宜的，财政转移支付可以替代免税效应；经济学家 Portba（1989）认为，免税机制为地方政府提供了一个对社会不公正的套利机制，如果地方政府负债免税获利，再投资于金融产品而非基础设施建设。1986 年税法改革之前这种做法广泛存在，免税政策是联邦对地方支持的重要手段。经济学家 Gilbert Metcalf（1997）构建一个地方政府长期负债模型，通过模型分析，认为税后收益与市政债的利差间存在一个弹性，这个弹性为 1.23，免税确实会增加负债供给。美国国会对免税政策在法律上认可，从实践中推动各级政府债进入快速发展阶段。以此表明，减免税收会扩大和增加政府负债的规模和数量。

2. 对市政债效用的认识

经济学家 Bin Simonsen（1998）发现市政债存在委托—代理性质，因为政府管理层总是从自身利益出发追求发行利益最大化，而不是从地区公众的利益出发，他注意到州政府与承销商的关系以及州政府决策者意图操纵举债最重要的两个因素：融资成本以决策者的意图为导向，公众监督几乎没有影响。经济学家 Jonathan Lndie（2002）以制度经济学为理论基础，以多变量构建一个完整的指标体系，经济指标和财政制度是最重要的变量，以此衡量财政制度对融资成本的影响程度，表明其影响程度最大。经济学家 Hen（2001）观察到发债必将恶化业已存在的地区经济不平衡。他认为地方政府领导人一般都目光短浅，为拉选票取悦选民可能多发债，甚至牺牲长期利益提升本地区居民短期利益。Jun Peng（2004）认为，发债人和投资者信息不对称，将加剧融资成本的加大，他认为只有信用评级才能减少信息不对称。W Bartley Hildreth（2005）对美国近 30 年的市政债发展做了全面研究，结果证明市政债在为地方政府扩大基建和提供公共服务方面做得较好，他认为 1986 年的税法改革影响深远，规范的评级制度对投资者影响巨大。由于市政债被美国各州广泛接受，众多经济学家研究认为市政债在其他国家也具有普遍意义，如 James Leisland（2004）就以发展中国家为例对此进行说明。他认为，这些国家普遍面临资金不足的问题，应以美国为榜样，依靠市政债融资解决发展资金不足的问题。尽管美国市政债模式难以完整地在发展中国家复制，但发展中国家可以借鉴美国发展市政债的经验。James Leisland 还构建了一个评价发展中国家市政债发展潜力的框架，并与美国进行了较为详细的比较，建议新兴市场经济国家要根据特色，推行合理的政策与措施。

3. 对市政债风险评级的做法与相关问题的分析

从本质上看，只要进入金融市场的金融产品就会有风险，所以，地方政府的市政债进入金融市场进行融资肯定有风险。因此，公正透明的评级制度和做法非常重要。西方经济学家关于信用评级的研究由两大块组成：一是选择恰当的评估地方政府债的信用水平的综合指标体系，二是选择一定的评级方法。经济变量（包括人口数量与人均收入增长）与财务变量（税收率和税收收入）、财务与会计指标都成为重要指标。标普评级时认为经济变量权重影响最大；Stephanie（2001）认为，应采用判别式评级，它具有最强的判别能力变量，使得评级结果的真实性提高。Salwa Ammar、Bernard Jump（2001）使用模糊推理系统评级，其特点有两点：一是对影响债券评级的因素用定性和定量两种方式分别考察。二是将模糊指标作为变量归入推理系统，对具有影响力的各个因素整合后，做出合理推理，并在此基础上做出判断。

二、对西方市政债理论研究与实践认识

市政债最早起源于西方，特别是美国的市政债发展迅速、规模大，其发行体制和法律制度已经接近完善，市场运作成熟规范，这给各国经济学者进一步研究提供了较扎实的政府机构样本。从目前研究的内容看，西方学者侧重于如何运行以及风险防范，在市政债的发行、免税、特征、经济效应方面有较深刻研究，作为人类共同的财富，给我国学者提供了很好的经验借鉴。但由于中国与美国政治体制、金融市场制度、相关法律制度和财政约束机制有很大差别，因此我国不能盲目照搬西方市政债的经验。如美国的债券发行采用注册制，而我国实行的是审批制；法律和制度也存在巨大差异，在研究西方市政债经验时不得不考虑法律上的约束力不同。只有以我国现状为主，积极吸收西方好的及适合我国的做法与经验，才能走出一条适合我国地方政府市政债发行的路子。

与金融市场其他发债主体不同，其他主体靠自己未来投资的收入还债，而财政收入是政府最主要的还款来源。由于基础设施建设一般投资量大、期限长、资金回收慢，并且优先项目只有社会效益没有经济效益，从评级思想和方法上一定要与金融市场其他经济体评级相区别。同时，由于评级也具有一般规律性，我们可以认真分析标准普尔、穆迪和惠誉建立的地方政府债务评级体系，采用较为科学的方法。三家机构在具体的评级方法、评级指标以及侧重点方面略有不同，但在总体风险评级路径、评级指标体系的建立等方面大致相同。三大评级机构一般都将被评级的政府分为美国

政府与外国政府评级体系，对两者设定不同的评级标准。不论是对美国政府还是外国政府都采用了定量与定性相结合的评级方法，并采用打分卡积分机制。对政府的评级首先是建立对地方政府评级的基本框架，而后同各国特定指标对初始评级进行调整以获得最终评级，强调全面覆盖性和综合打分体制。对所建立和采用的评级要素与指标，不论国内政府还是国外政府都注重政府行政体制、地区经济发展水平、地方政府财政收入和负债水平等几类指标，作为构建政府评级的基本框架要素。并对每一大类要素进行细分，再细分出若干类小指标进行评估。但是一个国家的政治体制和选举机制、民众参与政治的程度、上级政府显性支持和隐性支持等也是政府评级必须考虑的重要指标，不过三大机构对这些指标的定义和计入权重是有区别的，并且计入评级体系的形式也不同。

目前，西方理论界对市政债的研究主要集中在两个部分：一是金融市场融资利差是否与政府信用风险一致。Elton 等（2001）认为，相对于预期违约损失、税收、系统性风险溢价，信用风险对信用利差的影响力极其有限。Delianedis 和 Geske（2001）认为信用导致的利差与违约风险、企业财务杠杆等指标基本没有相关性，但与税收、流动性相关。二是关于市政债风险度量。Black 和 Scholes（1973）提出将股权作为看涨期权的研究框架，以此定量研究信用风险，并生成了默顿（Merton Model）现代信用风险模型。最重要的是所有评级机构都是用 KMV 模型，它具有需要历史数据少、计算简单和对资产变化反应灵敏等特点，不但可以对单个资产风险测度，而且还可以对全国性资产风险测度，这一模型对我国具有极强的实用价值。

三、国内的理论与实践研究现状

1. 我国理论界客观分析和研究了市政债在我国发行的可能性

信用评级目前已成为披露信用风险、提高投资决策正确性的重要工具。信用评级对债券发行主体是一道迈不过去的门槛，筹资人可能需要面对信用评级较低的风险，从而影响筹资模式及后续交易价格。信用评级可用于金融机构自身的风险管理，通过对金融产品不同级别的信用评级，深刻细致地揭示金融机构内在的风险和管理存在的问题。近年来，随着我国金融脱媒速度不断加快，资金体外循环规模越来越大。截至 2016 年底，我国债券市场托管金额达 70 万亿元，全年发行量达 50 万亿元，如果不包括国债，各种性质的债券已经达到 30 余种，我国债券市场规模大，而且品种极为丰富。随着我国人口老龄化速度加快，老年人口对投资的需求多样化，金融机构各种理财产品不断出现，规模很大，到 2016 年底，各种理财产品规模已经达到 120 万亿元。但是，随着金融产品多样化，风险也在不断加大，我们已经看到，自 2015 年以来我国债券市场非金融类债券已经多次出现违约不能到期兑付的风险。这一问题已经对金融市场造成恐慌，从到期不能兑付的趋势看，信用风险正在发生质变，如从民企发展到国企，从企业债向金融债蔓延。目前，因中央财政的隐性担保存在，我国地方政府债信用未出现兑付风险问题，但潜在风险确实存在，这是因为地方融资平台的风险还未完全暴露出来。因此，迅速完善我国信用评估体系，严格信用评估方法和指标是当前最急迫的工作之一。建立我国信用评级队伍，真正树立信用评级的权威，可以为我国金融市场提供一个有效的风险保障阀门。

2. 关于我国地方政府发行地方债的研究

我国学者对市政债的研究在我国财政体制分权之后开始活跃起来。1994年，在我国经济体制改革不断深入的情况下，分税制度改革成为改革的最主要内容，分税制的主要内容包括：税收返还、一般性转移支付和专项转移支付。这一制度对我国经济发展产生重大影响，至今仍然是我国地方政府财政收入和建设资金的主要来源。统一的财税返还制度带给各地政府的收益是不同的。由于我国各地区间经济发展水平差距较大，地方政府间的财力相差甚远，因此经济欠发达地区基础设施建设缺资金的状况不时发生。关于税收返还的问题，有一套计算公式，一般用来进行核算返还数额，中央政府通过中央财政返还和转移支付帮助地方解决了相当程度的基础设施建设和民生问题（范子英、李欣，2014）。

严格意义上的"地方政府债"是在 2015 年以后出现的，即由地方政府独立发行，并有地方政府信用作为后盾，是以其地方税收作为保证的债券。目前，国内的地方政府债主要分为三类：第一类是由财政部作为债务主体的 2009 年以来中央政府代发的地方政府债券；第二类是 2011 年起中央财政代上海市、浙江省、广东省和深圳市四地试发行的市政债，这些地方政府已经成为负债主体也是还债主体，但是仍由财政部代办还本付息；第三类是自 2014 年起由各地方政府自行组织偿付的上海、浙江、广东、深圳、江苏、山东、北京、江西、宁夏、青岛试点的自还地方政府债券。

自 2015 年起，中央财政每年向各地政府下达 1.5 万亿元的地方债规模，由各地政府以地方债的形式置换 21 世纪以来为应对国际金融危机以及为解决地方基础设施建设发行的政府担保项目债和城投债，自此我国有了真正意义上的市政债。前两类都有中央政府的信用作为保障，而第三类自发自还的地方政府债券的信用由当地政府决定，信用评级水平各异。目前，国内评级机构还未对政府进行发债评级，但相关前期准备工作已经在进行，将为下一步评级工作的正式开展打下良好的基础。国内开展评级较早的机构，如中债资信评估、中诚信和大公国际等信用评级公司都已经做了大量的前期工作。

3. 对地方债的研究侧重于实用

我国理论界对地方债的研究从改革开放初就开始了，20 世纪 90 年代达到一个较高的研究水平。但因我国政府没有批准发债，地方政府还未发行真正意义上的地方政府债券，国内理论界的研究主要集中在对西方特别是美国地方债基本原理和做法以及制度的介绍上，多年后，才开始研究我国发行地方债的机制、应建立的制度和管理措施，并将西方财政理论与中国的实际相结合，推动我国地方债实际发行。这些研究和政策建议对我国地方债的发展起到了理论指导和操作借鉴作用。目前，我国理论界对地方债的研究有以下亮点：

一是对西方国家地方债经验的研究和介绍。最早对西方国家特别是美国地方债的发行、运作、评级、监督管理以及偿还债务进行研究的是刘爱清（1998）、张海星（2000）、徐世杰（2001），杨萍（2004）关于美国市政债的发展特点和做法、信用评级以及违约处置和对我国的借鉴的研究最为出色，蒋先玲（2005）是国内最早关注市政债风险的学者，她通过对美国市政债信用风险评级制度防范措施、相互制约机制、信息披露及透明制度和建立债券保险制度的分析，提出了关于建立我国防范市政债风险的制度和措施。

二是关于发行前提条件的研究。中国社会科学院财政与贸易经济研究所早在 2001 年就提出，我国地方政府由于累积了 30 多年的改革成果和丰富的财政管理经验，已经完全具备发行地方债的条件；刘华和张云峰（2003）认为，我国如果建立市政债制度，那么完善的发行和管理制度以及风险评级制度是关键；宋立（2004）、韩立岩（2005）和郝雨时（2011）通过研究后提出，如果在我国建立市政债发行制度，配套制度还不成熟，建立和完善相应的配套制度是建立我国市政债制度的前提和保证。

三是关于市政债经济效应的研究。储敏伟、高凤敏（2005）坚持认为我国发行市政债将导致货币供给增加，增大潜在通货膨胀的压力。贾康（2002）和林好常（1999）不支持这种观点，他们的研究成果表明，债券发

行到位，不会增加潜在通货膨胀的压力，对货币供给的影响不大。杨涛
（2004）和潘丽英（2002）的研究成果表明，地方政府和金融机构在关联性
方面优于与其他机构的关系，如果允许发行地方债，可能会迫使金融机构
掏出大量资金购买市政债，从而减少对生产的支持。对市政债的发行，贾
康（2002）是最坚定的支持者，他坚持认为，只要规模得当、严格审批程
序，市政债发行不但不会扩大货币发行量反而会增强中央宏观调控的作用。
在我国区域经济差异太大、发债将导致新的"马太效应"的认识方面，我
国理论研究人员认识出奇地一致。

四是关于市政债进入金融市场流通问题。支持和反对的学者都有，但
支持者占主流。贾康（2002）认为，发行市政债是对中央财政赋税的完善，
是对地方财力的一次解放。通过市政债发行解决地方建设资金不足是林毅
夫（1999）和唐杰（2004）的主要观点。宋立（2004）和魏加宁（2004）
则认为，中央如果批准市政债发行，将会成为化解地方财政风险最有效的
手段。陆磊（2004）则持反对观点，他认为，市政债券是个"糟糕的办
法"，政府主导的基建是效率最低的基建。毛寿龙（2005）认为发行市政债
条件不成熟，因为我国税改还未完成。乔新平（2010）认为，地方政府举
债会加大中央财政的风险。

五是关于发债主体资格的研究。发债主体必须控制到省一级政府是地
方公债与地方经济的发展课题组（1999）和陶雄华（2002）等人的认识。
他们认为，省级以下政府大局意识较差，风险难以控制。傅志华（2001）、
贾康和李炜光（2003）建议将发债主体扩大到一定规模的城市。他们认为
这些城市土地具有升值价值和较好的经济发展潜力。我国所有学者几乎都
不支持在贫困地区发债。

四、关于我国债券评级方法的研究

我国学者对债券信用方面的研究，一般是介绍以美国为代表的西方国
家特别是三大信用评级公司的做法为主。这一研究源自20世纪90年代，研
究的目的是为我国企业债的发行服务。2010年以后，我国市政债问题研究
才开始集中起来，主要是研究该不该发行市政债，如何管理市政债。对市
政债的评级研究长期处于缺位状态。目前我国学者关于市政债评级方面的
一些研究已比较成熟，例如，郭英、余建波（2012）通过运用已有的研究
方法对上海市政债规模进行论证分析，注意到上海财政收入与当地地区生
产总值关系紧密（拟合优度达0.967）。

　　杨胜刚、张润泽（2011）等我国前期研究人员给出的 GA-PSO 混合规划算法，选取反映地方政府信用等级的核心指标，如地区生产总值增长率、人均 GDP 水平、通胀率、负债率等，科学地评估了地方发债的信用度。这项结果为合理确定地方政府担保比率提供了依据。多年来，我国有关评级机构在企业债的评级方面取得了较丰富的经验，这些经验部分可用于我国地方政府发债的信用评级。2015 年，我国地方债的全面放开，将进一步提升我国地方政府发债的评级能力和水平。

　　笔者研究国内信用评级的基本思路和做法主要是：在借鉴国外先进评级经验的基础上，依据我国地方政府财政状况、债务负担、地方治理水平三大要素进行评级，然后依据金融市场的接受程度进行调整，最后根据地方政府的未来还债能力确定其评级结果。在这一评级结果中，上级政府的支持也是评级最为关键的一个因素。

　　自 1998 年起，我国对商住房政策进行了一系列的改革，商品房的价格不断升高，从而导致土地价格的上升，土地出让收入逐步成为各地方政府财政收入中不可忽视的来源。关于房价和土地价格与地方政府债务之间的关系，已经有国内的学者开始关注。房地产价格的上升导致土地价格的上升，不但提升了土地作为质押品的价值，而且还提高了土地交易的价格，地方政府不论是从抵押品的价值来看还是从未来能通过土地出让所带来的地方财政来看，其违约风险都降低了（龚强等，2011；刘守英等，2005；蒋省三等，2007）。但是，这种观点在房地产市场处于低迷情况下有可能不正确（温海珍等，2010；刘煜辉，2010）。以往在这个方面的研究通常是定性的分析，缺乏使用量化的方法进行论证。然而，随着近年财政部允许各地方政府发行"真正意义"上的地方政府债券，财政部颁布的相关政策也变得比较频繁，而且从最近财政部对于上海市的资产负债表进行摸底调查来看，财政部有盘活地方政府存量资产的趋势。基于此，由于房地产价格和土地价格与地方政府存量资产有着非常密切的关系，对于研究房地产价格与地方政府债券就有非常重要的意义。作为地方政府债务的最重要组成部分，城投债也与房地产市场存在紧密的关联，由于数据收集的原因，研究城投债也可充分反映其与地方政府债务的关联性。城投债又被称为"准市政债"，区别于一般的市政债，城投债发行主体是地方政府融资平台，地方政府从间接渠道为城投债提供信用支持（周沅帆，2010；韩鹏飞等，2015；赵剑锋，2014）。所以本书对于地方政府债评级方法将以城投债信用利差作为一个重要的变量来衡量城投债风险，并利用广东省的房地产价格数据来证明房地产价格波动对地方政府债务风险的影响，这是本书在这个方面的研究迈进的一步。

国内外的学者对于房地产价格如何作用于地方政府债做过一些相关研究，其中一个主流的思想是：房地产价格的波动是通过作用于土地价格影响到城投债风险。房地产价格的上升也会带动土地价格的上涨，从而驱动房地产市场的需求，在高昂的房地产价格驱动下，该地区的土地使用权对于房地产开发商都具有很强的吸引力，从而将导致对土地需求的上升，并造成高地价（刘民权等，2009）。所以，高房价决定了高地价（Alonso，1964；Muth，1969；Ooi 等，2004；Oikarinen 等，2006；况伟大等，2012）。债券持有人则可以通过清算抵押土地资产获得偿付（何杨等，2012；葛鹤军等，2011）。所以，高地价会带来较大的抵押土地预期清算价值，从而使得城投债未来违约的风险降低（刘守英等，2005；严金海，2007）。从土地出让收入渠道来看，地方政府通过组建地方融资平台将财政融资的职能实现表外化，但是实际的控制权还是掌握在地方政府的手里。城市的政府融资平台的特点通常都表现为主营业务不突出，资产和资本相对薄弱，偿债能力有限等问题，只能高度依赖地方政府的财政收入作为偿债保障（齐天翔等，2012；吴变兰等，2010）。由于城投债的发行通常是由各地方政府的融资平台高度参与的，因此，地价的大幅上升伴随着大量的土地交易，能够有效地提升地方政府的财政实力，降低城投债违约风险。综合土地抵押品渠道和土地出让收入渠道可以看出，房地产的价格和当地土地价格的上升，能够有效地降低城投债的违约风险，并且房价和地价越高，其违约风险也越低。

1994 年分税制改革以来，土地出让收入逐步成为地方政府财政的主要收入来源之一，"土地财政"也逐步成为地方政府的主要融资模式，地方财政收入中有较高比例来自土地出让收入（周飞舟，2010；吴群等，2010）。地方政府对土地财政的依赖程度影响着地方房地产价格的水平以及与城投债违约风险的关系。一方面，房地产价格的上升会引导土地价格的上升，从而增加土地出让收入，并且增强地方政府的财政收入和财政实力。地方政府对于土地财政依赖性大，房地产价格的波动会比较直接地影响着地方政府财政状况，也同时会影响到地方政府对于其所发行的城投债的偿还能力以及其信用等级的水平，从而使城投债的风险对房地产价格的依赖程度上升。另一方面，房地产价格与地方政府财政收入的这种密切关联性，导致地方政府存在对房地产市场运行进行干预的动力（刘民权等，

2009）。在土地财政关联度越高的地区，地方政府的财政对于房地产价格的敏感度也就越高。所以，对土地财政依赖度越高的地方政府具有越强的动力推高房价或者维持高房价（周彬等，2010；张双长等，2010；宫汝凯，2012），房地产价格的上升对于有效地降低城投债违约风险有很大影响。

Liu 等（2006）指出，信用评级是对债券偿债风险的衡量，可以缓解债券发行人与投资者之间的信息不对称问题。Kisgen 等（2010）、何平等（2010）指出，债券发行人的信用风险越小，信用评级水平越高。所以，城投债的信用评级越高，发行该城投债的地方政府融资平台公司经营管理效率越高，所处的市场环境也越好，同时偿债能力和实力也比较强。反之，信用评级较低的城投债发行者的资产质量和盈利能力较差，偿还能力也就低。

多年来，我国的政绩考核机制一直以 GDP 为核心，或者以 GDP 的考核指标为主线，这种考核机制促使地方政府官员为了自身的政治前途和政绩，通常会片面地重视城市的基础设施建设，政府官员对加快进行城市基础设施建设以推动地方经济增长充满了动力（周黎安，2004）。但是，1994 年开始的分税制改革使得中央与地方的财政权力与事权开始分离，导致地方政府的财政逐步出现了紧张的状态，地方政府的财政普遍无法通过当地的税收收入来满足当地的基础设施建设资金的需求（贾康等，2009），不得不通过其他融资渠道来解决日益增长的基础设施建设资金需求。主要方式有两种：一种方式是地方政府垄断土地供应，同时通过"招拍挂"土地政策来出让高价土地，通过这种方式地方政府可以获得较高的土地出让价款，从而逐步使得这种方式成为各地政府财政的主要来源（朱英姿等，2013）；另一种方式是，《中华人民共和国预算法》在 2014 年修订之前，不允许地方政府发行债券，所以地方政府通过融资平台①进行融资也是一个比较普遍的现象。地方政府的这些融资平台通常会以政府划拨的资产（通常以土地或固定资产为主）作为抵押，以其资产所产生的收入作为偿债来源来发行地方国有企业的公司债或者向银行借贷，而这些债都会用于地方政府的基础设施建设，这类债就是实际意义上的"城投债"，这种融资方式形成了特殊的"地方政府与地方政府融资平台以及与银行和资本市场"的间接融资模

---

① 地方融资平台是由地方政府及其部门和机构等通过财政拨款或注入土地、股权等资产设立，承担政府投资项目融资功能，并且具有独立法人资格的经济实体（韩鹏飞等，2015）。

式。目前，国内外也有很多关于地方政府融资平台与地方政府债务风险的
讨论，但还是以描述性分析为主。温海珍等（2010）指出，地方政府融资
平台收入和地方财政高度依赖于房地产市场的繁荣。龚强等（2011）基于
财政分权视角对地方政府债务产生的原因、风险和解决方法等问题进行了
全面阐述。刘煜辉（2010）、张玉新（2013）指出，地方政府债务融资是以
房价和地价上涨作为基础条件，如果房地产市场下滑，地方政府债务风险
爆发的可能性会大幅提高。房价和地价风险可能通过土地融资和土地财政
两种渠道导致金融体系风险。Shih（2004）在估算地方政府银行贷款规模的
基础上，指出中国在未来可能会遭受地方政府债务的违约风险。蒋省三等
（2007）利用各省市调研数据分析指出，地方财政、金融信贷与房地产市场
等形成了环环相扣的格局。秦德安等（2010）认为，地方融资平台债务风
险在未来可能转化为财政和金融风险。还有文献将地方政府债务风险与房
地产市场景气程度联系起来。但是，以往的研究中并没有实证来说明房地
产价格波动与地方政府债之间存在着怎样的联系。

　　地方政府通常是通过自身融资平台来参与本地的一级土地交易，但是
以往关于土地交易的参与度与地方政府债务之间的关系研究成果非常少。
大量研究已经讨论了地方融资平台方方面面的问题，例如，许友传和陈可
桢（2013）通过使用随机过程模拟融资平台的资产价格变动过程来分析融
资平台的信用风险，马柱和王洁（2013）则从预算外财政竞争的视角来解
释地方政府融资平台存在的现象，更多的研究如何杨和满燕云（2012）、刘
海虹和陈进（2012）、杨艳和刘慧婷（2013）、李卫雄和熊威（2013）则尝
试讨论地方融资平台的债务规模和风险应对策略。过往的研究只是通过简
单的定量分析，偏重其实施性，但是主要的结论和发现缺乏相关的计量实
证分析和支持。为了弥补这方面研究的不足，本书积极收集相关数据并重
点考虑了广东省各地市房地产价格、各地市的地区生产总值、一般预算内
财政收入、一般预算内财政支出、各地市土地出让金收入、固定资产投资
规模、地方预算内财政缺口对地方政府参与土地市场购地行为的影响以及
房价波动的数据作为地方政府债券评级的变量，从而前瞻性地对地方政府
债务评级方法进行深度探索和研究。

　　由于土地价格与土地政策对地方财政收入及地方经济的增长十分重要，
现有的文献中许多研究已经尝试探讨土地市场的发展与土地财政的问题。
例如，张莉、高元骅和徐现祥（2013）利用城市面板数据探讨政企合谋对
土地出让活动的推动作用，钱忠好和牟燕（2012）尝试量度我国各类土地

市场在 2003—2008 年的市场化水平，更多的研究如董再平（2008），陶然、袁飞和曹广忠（2007），黄国龙和蔡佳红（2013）以及李郇、洪国志和黄亮雄（2013）则探讨土地财政产生的根源及其对地方经济可持续发展的重要性。但是以前的研究并未在实证层面研究地方政府融资平台与土地市场之间的关系，本书则尝试在这方面进行研究。本书首次大胆地提出假设，即地方政府融资平台在一级土地市场的购地行为与地方政府的财政状况存在密切关系，探讨我国地方政府财政状况对地方政府融资平台参与土地市场交易的影响，并且为本书的延伸性研究提供方向。

与之前相关研究相比较，本书的创新点主要有以下两点：第一，之前的研究只通过逻辑分析方式或者定性的研究方式对房地产市场的景气程度与地方政府债务风险进行分析，缺乏定量分析的过程和实证证据分析。本书将选用广东省的数据进行实证检验分析，以房地产价格的波动作为变量分析其对城投债信用风险的影响，并将土地价格波动以及土地财政依赖度作为变量分析其对城投债信用风险的影响，有利于结合我国财政政策的转型趋势对地方政府债券信用评级指标的选取和方法的改进提供有力的量化分析支持。第二，过去的研究缺乏对地方政府一级土地市场参与度与城投债信用风险的量化研究，本书将从土地财政依赖度的角度通过量化分析测算其对城投债信用风险的影响。

五、对国内研究的简要认识

我国国内学者对于市政债的研究最早主要是介绍西方市政债的制度、基本经验和主要做法，重点研究西方国家中央与地方政府在财政制度方面的分权行为和做法，没有从金融市场风险和交易角度研究市政债。作为金融市场最主要的金融产品——市政债等交易风险极少有学者关注，金融债的运行必然受到金融市场的制约和风险的影响，我国的学者进而才开始关注这个问题，部分学者才从定量的角度对我国市政债的风险进行系统研究。2015 年以后，也有学者开始对我国市政债在金融市场的定价问题进行研究，通过信用评级找出金融市场对不同地区市政债定价的规律。但是目前，我国理论界以及实际评级部门还未形成统一的、完整的认识，还未提出一个所有机构和部门都接受的信用评级框架，这主要关系到各方的利益。另外，笔者发现目前国内的研究基本上没有对应我国财政政策转型的趋势去分析问题，这样研究出的结果往往会滞后于财政政策的改革，使得研究成果相对落后。本书针对现行财政政策的细微动向及转型的趋势加以研判，增加了房地产价格等新趋势下的变量选取作为研究的方向，这样不但能够弥补国内在这一领域研究的薄弱环节，并且也是本书创新的亮点，为以后研究这一课题提供一些参考的思路。笔者认为，最终建立起这个科学地能够被我国理论界以及实际评级部门共同接受的框架应该包括三点：一是建立模型化评级指标体系，确定不可量化的关键指标和定性指标；二是科学地确定评级指标权重，关键在于确定权重模型；三是科学划分二级指数标准和综合指数标准，并以此设定评级方法。

总之，信用评级制度建设是债券市场的基础性工程之一，这项工作做不好，我国市政债不可能健康发展。

六、对国际信用评级与我国信用评级分类的认识

从目前国际分类和我国刚开始的信用评级来看，我国信用评级大体与国际接轨，但在具体评级分级及指标设置方面具有中国特色。

一是按照评级标准划分。一般来说，信用评级的标准要根据企业或者地方政府的总体经济水平和经营水平来定。国际上通常采用的全球标准反映整个世界水平，因此称为全球评级标准，这个标准所包含的一些指标是所有国家评级必须采用的因素和内容。我国在借鉴全球标准的同时，要充分考虑中国特色，注重中国特有的国情和要求。二是按照债务的性质划分。国际上一般分为特定债务和整体债务评级，在这方面我国与国际同步。在我国，特定债评级主要是对企业债、市政债或者中央政府特定的债券进行评级，并对这类负债的风险进行提示。但是，我国与其他国家的差别在于其他国家地方政府市政债的评级指标比较成熟，我国到目前为止还没有一套完整的地方债评估指标体系，除了引用国外的指标体系外，还需要在国内各地不断地实践和完善。三是国际和国内按照评级主体划分进行评级的比较多。穆迪认为国家整体稳定是评级的主要方面和决定因素，一个国家的经济前景、财政状况、货币政策和政府是否采取积极的改革措施是穆迪对地方政府负债评级的重要因素和内容，经济增长因素是一国信用评级的最主要因素之一。我国对地方政府信用评级，目前比较欠缺法律环境因素和管理层管理能力因素，但是，由于我国经济正处在转型期，地方政府财力不足是一个普遍的问题，加上各地前期融资平台规模大小不一、做法各异，因此很难用一个评级标准对地方政府负债进行评级。不过，从与国际接轨的方式看，我国已经具备信用评级基本指标体系和具有中国特色的评级方法。

第三章　我国市政债及信用评级发展的历史与现状

研究我国市政债的评级问题，必须以研究我国市政债的发展为基础。本章重点研究我国市政债发展的历史，我国地方政府发行市政债的主要原因和发行的特点，进入新时期后我国开始大规模发行市政债的原因、做法及发行市政债的主要形式和特点，并且研究我国市政债评级的发展历史和现状以及存在的问题。

第一节　我国市政债发行的历史沿革

一、我国财政分权制度的演变进程

我国与市场经济发达的西方国家特别是美国，在财政分权方面具有一些共同特点。中央和地方之间主要划分的是行政权和财政权，主要是在行政权的分类承担方面进行划分。但从分权的本质看，我国与以美国为代表的西方国家的财政分权制度存在制度和政治体制上的差别。我国市政债的发行首先是由我国的政治制度决定的，发行市政债的立足点就是我国的财政分权制度，并选择具有社会主义初级阶段特点的市政债的发行模式和制度。在研究我国地方政府发行市政债这一现实问题时，必定要提到我国的财政分权制度。

我国的财政分权是改革开放的需要和进一步城镇化发展的需要，是在中央统一领导下为进一步发挥地方积极性而采取的重大措施，与西方的政治制度和立法制度不同，我国的财政分权制度是建立在中央集中领导下的分权。罗伊·鲍尔（2000）根据有关资料和实际调研，对我国中央财政、地方财政的分权制度和程度与国际水平做了一个较为详细的比较。

　　1949 年新中国成立至今，财政分权经历了多次反复以及螺旋式的前进。中国的财政体制发展从高度集权到分级管理，由 1978 年改革后生成的财政包干制、分税制等阶段，发展到目前的分级分税框架，从制度上理顺了中央与地方两级财政关系。我国的经济体制改革进程决定了财政体制改革的进程，大致分为三个阶段。

　　第一阶段：高度集中的统收统支体制与分级调整阶段（1949—1979 年）

　　新中国成立初期，中央财政面对的是以农业生产为主、基本没有工业，一穷二白的人口大国，工业基础差，全国经济发展呈现地区之间极大的差距，生产力水平参差不齐。当时，国家面临战争和恢复国民经济的需要，没有集中统一的中央财政国家根本不可能做到这点。所以纵向集中统一的中央财政体制是适应当时政治经济形势需要所建立的，主要要求是各级财政收入集中上交中央国库，财政支出由中央统一安排。高度集中的财政体制对恢复国民经济是好的，但在一定程度上也制约了地方的积极性。随着国民经济的恢复，从国家经济建设实际出发，国家开始对财政体制进行调整，主要的调整措施是划分收支范围，分级管理财政收入支出。从 1958 年起，以"以收定支，三年不变"（后又改为五年不变）的管理措施进一步调动各级政府的积极性。到 1961 年，国家按照"调整、巩固、充实、提高"的八字财政管理方针再次划分中央与地方的财权与事权，一直到 1971 年，财政体制再次调整，调整的主要内容是：收支包干，以收定支，年末算账，即财政体制开始采取收支包干制度。但收支包干财政制度问题较多，所以，1976—1979 年重新调整财政管理制度，实行"收支挂钩、总额分成"和试行"收支挂钩、增收分成"的做法。多次调整虽然也是改革，但这些改革仍然是一个体制内的部分改革，并没有从根本上进行改革。

　　第二阶段：财政包干制与财政分权的启动与探索（1980—1993 年）

　　1978 年中国的政治体制改革对财政体制产生重大影响，1980—1984 年，"划分收支、分级包干"的财政管理体制在全国开始实行。"分灶吃饭"是这一体制的特点，打破了"大锅饭"的财政格局。1985 年起，我国财政开始进行"分级包干"的改革，主要是划分税种、核定收支。这一时期我国财政改革的意义在于以下几个方面：首先，统收统支的财政体制被"分级分灶"取代。其次，打破了反向激励机制，促进了地方政府的税收正向行为。最后，标志着中国财政体制从"集权"向"分权"的改革。但"分灶"与"分级"体制的负面效应是：中央财政收入占国家总收入的比重不断下降，中央财力大减；以企业隶属划分税收的方法对建立全国公共财政体制没有任何益处。

第三阶段：现实的分税制改革（20 世纪 90 年代初至今）

1993 年 12 月，根据当时经济改革的进程和中央与地方共同遇到的问题，中央开始进行分事权并在此基础上划分财权，这就是后来我们所说的分税制改革。根据分权，我国中央事权主要是宏观调控权和对国计民生影响重大的权力，如国家安全、外交、大的工程建设。地方政府的事权主要有地区经济、事业发展所需的政府行政权。分税制要求将税分为中央和地方两种税与共享税。中央部分主要有消费税和增值税、央企所得税等，地方部分包括地方企业所得税、营业税、个人所得税等。共享税包括资源税、增值税。分税制确定中央和地方各自负责征收自己的税收，建立了中央和地方两大征税机构。分税制导致中央和地方财政关系由长期以来的隶属关系变成税负关系。其意义在于打破了新中国成立以来的财政"条块"格局，从而转为经济利益格局。但它的局限性在于仅仅分到省级政府，下一级分配不明，导致县级以下财政普遍困难。

二、分权体制的内涵与特点

1. 我国财政分权改革的内涵核心

目前实行的财政分权改革的核心是：中央有财政决策权，地方负责执行权，在此基础上两者形成层级管理体制。这种改革体制由我国政治体制的特点所决定。分权具有如下特点：第一，中央依靠决策权制约地方事权，地方上缴税利决定中央财力大小，两者互为依存。第二，地方的分配权是中央的授权，不是法律赋予的权力，中央可以随时调整和收回。我国现行税收立法权政策和征管权由中央决定，也是由现行的政治制度决定的，地方政府只有执行权和少量调整权。决定分税制的是中央与地方财政在收入方面的分税，不是体制上的分权。

2. 我国政府财政分权的特点

在这一分权制下，我国财政体制呈现以下主要特点：首先，我国财政分权是"自上而下"的供给主导型分权。这也是在传统计划经济体制基础上产生的，有利于推动我国经济体制深入改革。在这个背景下，我国财政体制改革与我国政治体制改革相一致，即"自上而下"，也是此次分权改革的特点。在改革的过程中，中央政府的各项改革措施受到基层政府的支持。中国财政分权的改革呈现双向性：自上而下和自下而上，充分考虑各级政府的利益，以自上而下顺序主导改革。其次，我国的财政分权不是完全意义上的"分权"。我国与美国、英国等实行地方自治为主的联邦制国家模式不同。欧美国家各级政府之间没有行政隶属关系。而我国各级政府之间的关系是行政隶属关系，这是我国财政分权的前提，财政是分级制财政。中央授权是地方的财权和事权分权的基础，我国法律制度没有规定地方政府具有分权的权力，分权的决策在中央，分权的本质是分税，而不是地方可以分享中央的权力，更不是西方的"分权"制。再次，我国财政法律框架不完善，各级政府主要靠行政命令来运行。中央政府依靠各项制度规定调节与地方政府的关系并指导地方政府的工作。在这种法律制度不健全的背景下，地方政府容易出现不负责任的问题和追求短期利益的问题。最后，我国财政分权中纵向事权的划分比较突出。中央与地方在决策与执行及监督权的横向划分包括中央与地方在教育、国防、外交、公共卫生方面的事权划分。事权划分的结果是中央出决策意见，地方负责执行。虽然可以保证中央的集权，但也带来一个问题，就是纵向的事权划分导致在执行中纵向事权属性模糊。

3. 中西财政分权性质上的区别

在中央与地方财政管理体制分权下，一定程度上独立的事权和财权是我国地方政府已经具备的，这一客观条件为我国地方政府发行债券提供了现实基础。但政治体制的不同又决定了我国的地方政府分权制度与西方政府的分权制度不同，比如，事权以纵向划分为主、政治自上而下进行改革、财政分级管理，这种分权制使得我国地方债券具有自己的特点。我国财政的分权制具有体制上的委托—代理关系。西方的分权是一种权力横向划分。西方政府将一些全局性的权力也进行划分，如国防与外交、公安、教育及公众卫生、社会基础保障、环境保护等在各级政府之间明确划分。这一划分方式通过法律制度进行固定，我国事权由中央政府和省级政府按照决策权、执行权、监督权与支出权进行划分，但划分并不等于中央政府独立出资而是双方共同出资，城镇化、公共卫生服务、全民小学中学义务教育由中央决策，各级政府分级执行，全国所有地区共同实施。在我国现行政治体制下，上级政府经常委托下级政府实施具体行政事务，由此，中央将自己的部分事权委托地方政府代理，在中央与地方政府之间形成委托—代理关系。

第二节　我国地方政府举债形式的发展沿革

一、我国地方政府市政债的发展形式及历史沿革

我国现代意义上的地方政府债主要以公债的形式出现，公债起源于清朝末年，当时是为了政府的战争开支和修建铁路。民国时期我国公债发展较快。新中国成立以来，举债成为新中国建设的一个重要资金来源，但发展的道路曲折坎坷，公债发展基本可以分为三个阶段。

1. 第一阶段：新中国成立到改革开放的 30 年（1949—1979 年）

随着新民主主义革命的胜利，新中国成立到改革开放前的 30 年时间里，中央政府和地方政府的财政关系极不稳定和不成熟，处于经常性的调整过程，本质上一直表现为中央集权和"吃大锅饭"体制，地方财政权力较小。中央财政采取的收支两条线，分类分成、总额分成，都是"抽肥补瘦"的做法，不奖励先进也不鞭策后进，国家财政和地方财政没有分开，导致中央主管一切，地方没有积极性，所以地方政府没有必要负债。虽然在 20 世纪 50 年代为了恢复国民经济，中央曾短暂地给予地方自主权，但很快就收回了，没有起到实质性作用。在改革开放前的 30 年，高度计划经济决定了我国财政管理体制带有极强的计划体制性，除中央外各地没有公共产品的选择权，也没有为地方提供公共产品的必要和内在动力。在这 30 年的大部分时间里，各地政府完全听命于中央，实行人财物的高度统一性调拨，全国一盘棋，各地差异性很小，人民群众也没有太多的要求，因为政治挂帅，城市基础设施建设严重短缺，地方政府作为中央的派出机构处于从属地位，基层的责任就是完成中央交给的任务。地方政府负债变现的两种方式：一是地方借款。地方向中央的借款主要是解决地方突发的问题和一些重大的自然灾害导致的人民群众出现的生活困难问题，除此原因外，其他原因负债的可能性极小。二是在 20 世纪 50 年代，为了恢复国民经济，经中央批准的部分地区地方政府发行了"经济建设公债"。新中国成立初期，为国民经济快速恢复，以及解决战争留下来的问题，中央政府曾两次批准部分地方政府发债，用于生产建设以及企业投资、基础设施投资等。东北地方政府发行"东北生产建设折实公债"，其属于区域性公债，由东北民众认购，其中工商企业是认购主体。到 20 世纪 50 年代末 60 年代初，经中央政府批准，部分地区发行"地方经济建设公债"，这次发债具有分权的特点。通过这次

公债发行，中央给予地方一定的自主管辖权。1958 年 6 月，国家颁布了《中华人民共和国地方经济建设公债条例》，其中限定了公债的用途、发行主体资格、收入分配比例、地方管理职权、发债方式、发债数量与利率水平等。发行的地方债为非流通债，即不得自由转让、自由交易和用来抵押，没有货币职能。改革开放前高度集中的计划经济体制阻碍了财政体制为其服务，中央政府控制了从土地、货币到物资所有的经济资源，1959 年停止发行国债和地方债。1968 年，中央还清所有内债和外债，中国政府对外宣布我国进入"既无内债，又无外债"的时期，这一状态一直延续到 20 世纪 80 年代中期。

2. 第二阶段：我国经济体制改革的初期（1980—1993 年）

这一阶段中国经济进入前所未有的大发展时期，中国经济的活力极大地被释放出来。为适应经济体制改革的要求，中央财政与地方财政实行了分灶吃饭，即中央管理中央财政负债，地方管理地方应管理的负债，实质上是中央财政已经开始分权，给予地方财政更大的自主权。其中最主要的分权措施就是"拨改贷"。所谓"拨改贷"是指国家以市场经济手段对财政资金进行管理，以银行贷款的形式将过去的无偿拨款市场化，1979 年正式在北京、广东、上海三个省市及纺织、轻工、旅游等行业进行试点。这一做法的理论依据是国有企业一直被认为是我国地方政府的一部分，国企的负债就是地方政府的负债。试点取得较好的成果。1979 年起，开始以贷款的形式进行基础设施建设资金投入，对地方独立核算未来有还债能力的项目，一律"拨改贷"。自 1985 年 1 月起，国家在各行各业推行"拨改贷"。

3. 第三阶段：地方政府市政债发行深化改革阶段（1994 年至今）

这一时期，因各地基础设施建设大干快上，国内出现几次较为严重的通胀现象。为了进一步治理通胀，规范地方政府过度膨胀的基建需求，增加财力，我国开始实行分税制改革，要求中央和地方在收支两方面明确权责利划分。1995 年国家颁布《预算法》，要求除国务院批准外，地方不得自行负债。在现有的分税制下，中央政府并没有赋予地方政府发债权。1995 年实施的《中华人民共和国担保法》明确政府不是独立法人，没有资格对经济活动提供担保，即使担保也是无效的。1995 年以来，尽管我国改革发生天翻地覆的变化，地方基础设施建设日新月异，公共产品需求极为旺盛，城镇化建设速度一直很快，但法律没有赋予地方政府负债权，地方政府未经国务院批准也无权发债。从国家管理的层面看，这一法律规定是合理的，因为我国的地方政府管理水平和资金运作水平参差不齐，如果中央给予地方政府负债权力，财政上的软约束可能会导致极大的道德风险。但事实上，由于各地发展需求极为旺盛，官员们一直要出政绩，采取多种手段规避法律制约，全国所有的地方政府，不论是省级还是地市、县级政府都在发债，举债建设，致使举债的手段具有法律上的规避性。举债方式主要有以下几种：一是融资平台形式。就是地方政府组建一个城市建设投资类的公司，这些公司尽管名称不同但性质一样，即用政府所划拨的土地等作为担保，或以基础资产以及很少一部分现金流或者财政作为担保或者承诺，组成基本合规的投资公司，以项目为标的，通过从金融机构或者社会融通建设资金，将融资投入地方基础设施建设或者公共事业建设项目上。这种形式 20 世纪 90 年代初就有地方政府在做，但规模不大。2008 年，为减弱国际金融危机的负面影响，各地融资平台的数量和融资规模出现几何级数的增长。目前，融资平台通过三种方式融资：银行贷款、城投债、通过建立地方项目平台进行融资。在项目融资中，贷款融资比重最高。审计署《36 个地方政府本级政府性债务审计结果（2013 年第 24 号公告）》显示，2012 年底，我国地方政府本级债务余额 38475.81 亿元，融资平台债务余额占债务总额的 45.67%，是地方负债的主体。2012 年末，债务余额中贷款和发债分别占 78.07% 和 12.06%，成为地方政府负债的主要来源。二是中央财政代发的地方债。2008 年国际金融危机对我国经济发展产生重大影响，甚至使一些地方经济一度陷入困境，各地财政收支缺口难以弥补。中央财政不得不为地方政府代理发债。这种代发实质上是迫使中央财政的再次放权和分权，标志着地方公债制度行进一大步。为了加强管理，财政部颁布《2009 年地方政府债券预算管理办法》，将地方债收支纳入省财政预算管理体系，其收入上交省国库，后再由省财政转拨付基层政府。中央代地方发债并代为偿还，前提是地方及时交本息给中央财政。2009 年 4 月 3 日，新疆地方债初次进入银行间和交易所两个市场进行交易，标志着中央代发地方债正式启动。2009—2011 年，中央每年代地方发债 2000 亿元，2012 年提高至 2500 亿元，2013 年达到 3500 亿元。三是地方自行发债。2011 年 10 月 20 日，经国务院批准，浙江、广东、上海、深圳开展自发债试点。其中，广东 69 亿元、上海 71 亿元、浙江 67 亿元、深圳 22 亿元。2013 年，国务院将地方债试点范围扩大到山东和江苏，自行发债地区达到 6 个。地方发债是中央与地方分权的一种过渡方式，首先要经过国务院批准，然后财政部代为还本付息，这种方式实质上是中央政府为发债的地区提供担保，与西方国家地方政府自行发债不是一个性质。但我们应该看到，这是我国政府负债制度的一次重大变革，虽然中央政府有隐性担保，但地方政府仍然是还本付息的责任主体，这一举措标志着我国财政体制又一次进行重大改革，地方政府扩权再次开始。

二、改革促使地方政府具有较强的举债动力

由于实行了分税制的改革，地方政府财政的自主性增强，随着基础设施建设需求和公共产品需求不断增大，地方政府官员又在政绩的压力下，特别是中央财政事权和财权的划分比较明确，举债的主观能动性迅速增强。中央财政和地方财政体制的特点是财政收入上移而财政支出下移，收入和支出错配，迫使地方政府举债需求快速增大；另外分税制的财政体制完全打破了"大锅饭"，多收多得多支多建设，给了地方政府内生动力，增强了官员举债的积极性和主动性，部分资源丰富、土地资源较多的地区，开始以资源作为保证进行举债。随之，地方融资快速增长，融资方式多样化，融资规模快速扩大。2014 年中央继续扩大地方债券试点，扩大到 10 个地区。地方债试点范围的逐步扩大，推动我国地方债自主发行上了一个新台阶。

第三节　我国地方政府举债跨入新阶段

一、地方政府市政债发行开始制度化

为了控制地方政府融资过热可能导致的地方经济风险和全国系统性风险，2014 年 9 月，国务院发布《关于加强地方政府性债务管理的意见》（以下简称"43 号文"），对全国地方融资平台进行治理整顿，以达到加强地方债有序发展和严格管理的目的。"43 号文"对地方融资渠道、主体、融资用途、清偿措施等进行规范，提出加快建立规范的地方政府融资新机制，按要求剥离融资平台政府融资职能，政府全面退出融资平台。融资全面向"市场化、经营性"方向转型，以 PPP 形式参与政府项目运作。10 月，财政部下发《地方政府性存量债务清理处置办法（征求意见稿）》，细化落实"43 号文"第六大项"妥善处理存量债务和在建项目后续融资"。通过一系列政策文件，完善了地方政府融资平台风险防范体系，为市政债健康发展

打下了良好基础。

"43 号文"指出必须积极降低地方政府存量债务利息负担，对甄别后的地方政府债务纳入预算管理并进行合理置换，为地方负债优化结构、降低利息支付。2015 年 3 月，财政部按照国务院要求，下发了 1 万亿元地方债额度用来置换地方融资平台债务，当年下半年，置换额度增加到 3.2 万亿元，置换资金优先偿还 2015 年到期的地方政府债务。从 2016 年起，每年都下达近 4 万亿元的地方融资平台置换额度，用债务置换缓解地方政府偿债压力、减少利息支付。可以说，中央政府通过置换行动开启了我国地方债发展的新时代。

但是我们也应该看到，地方政府债务置换没有解决地方政府负债的根本问题，置换延期和降低利息支付，没有减免地方债务，也没有落实还债来源。为地方融资平台提供融资的大部分是我国金融机构，这种置换实质上是把系统性风险转嫁到银行等机构投资者身上。作为我国金融主体的银行机构由于受安全性的影响，能否积极购买还不确定。

首先，地方政府债券的信用评级和定价机制不完善。由于我国市政债的信用评级制度不完善，债券定价没有完全市场化，所以行政定价起主导作用。从试点发行的债券评级看，所有债券都是 3A 评级，债券的定价甚至低于同期国债收益率，这是一个悖论，因为地方政府信用评级无论如何不可能高于中央政府信用评级，地方债同期收益率必然高于同期国债收益率，否则严重违反金融学经典理论。另外，地方债的投资者以当地银行为主，由于我国公司治理机制不完善，地方银行的领导不得不接受非市场化的定价，长此以往不利于地方债真正市场化发展。并且因流动性后期无法弥补问题突出，导致地方债软预算约束和道德风险。

其次，地方融资平台风险没有消除，只是转嫁给我国金融机构。地方融资平台主要贷款人是我国金融机构特别是地方金融机构，债券市场的投资者也是金融机构。因此，地方债置换本质是将地方政府对银行的负债变成银行持有的地方债。这种置换不仅改变了金融机构的资产结构，同时，也导致金融机构资产收益率降低。置换可以降低地方政府负债成本，但也减少了金融机构收益。这种债务置换的另一个后果就是将地方政府的短期风险变成金融机构的长期风险，最终导致金融机构货币错配问题更加严重，长期看债务置换可能使金融机构风险不断积累，不良贷款率急剧增加。自2015 年以来，我国银行不良贷款率增长较快，这与置换债务不无关系。

最后，债务置换将导致债券市场收益率下降，一级债券市场资金不足。

市政债的大规模置换导致我国债券市场急剧扩容，本来债券市场资金池不大，资金来源有限，随着大量债券涌入，将导致债券市场资金供应不足，固定收益下降，不利于我国债券市场的健康发展。长期来看，也不利于市政债的良性发展。

二、市政债信用风险及违约处置

市政债是地方政府发行的，它的信用风险除了一般债券所具有的宏观经济风险、行业风险、区域风险和政策风险等之外，还包括地方政府产业变化的风险和官员的风险。这些特殊的风险必须在金融市场中给予最彻底的披露，市政债的底线是不能发生系统性风险。由于与西方国家政治体制不同，我国尚无地方政府破产法，对地方官员也没有破产的追责。以美国为例，美国地方政府破产表现为财政破产，政府的职能不破产。政府破产可以看作是一次债务的重组，但财务破产机制对防范地方债风险作用巨大。我国的破产法并不包括地方政府。市政债是地方政府发行的，信用风险不同于一般债券，但应该对地方政府发债的道德风险有一个预警机制，需要建立有效的可以追责的违约处置机制。本书将通过对美国市政债评级方法以及美国如何通过评级完成政府信用风险管理的研究，并结合我国的财政体制及近期财政政策的发展趋势，对我国的地方政府债的评级方法以及政府信用风险管理提出改进措施，并通过实证来检验这个思路的可行性。笔者争取为我国地方政府建立科学有效的信用风险管理预警机制提供有价值的参考。

第四节　我国信用评级的发展历史与现状

一、我国信用评级发展的历史

新中国成立后较长的时期内，并不存在评级机构和评级业务。在高度集权的计划经济体制下，信用评级这一与市场机制密切相联系的业务也就没有存在的必要。但是随着 1978 年我国改革开放的进行和不断深入发展，不论是企业还是地方政府融资渠道逐渐多元化，商业信用评级在我国开始兴起。到 20 世纪 90 年代，发展社会信用评级成为国家的一项战略，以人民银行为主体建立了初步的国家信用评级内部管理部门。从此，我国信用评级从无到有、从小到大逐步发展。我国信用评级大致分为四个阶段。

1. 起步阶段（1987—1988 年）

1987 年 3 月国务院颁布了《企业债券管理暂行条例》，规定企业发债必须经过中国人民银行的批准，同年人民银行对各地方企业发行债券下达了发行额度。在此阶段，人民银行系统成立了 20 多家评级机构以及专业银行咨询公司。同时，各商业银行的调查统计部门也展开了信用评级活动。

2. 整顿与恢复阶段（1989—1992 年）

1989—1990 年，由于国务院实行"双紧政策"，中国人民银行为了贯彻国务院有关规定，撤销已经成立的评级机构，信用评级业的发展进入低潮。到 1992 年末，根据中央的要求，人民银行下发了《关于设立信誉评级委员会有关问题的通知》，信用评级开始步入正规化和制度化阶段，1992 年 10 月成立了全国性的第一家评估机构——中国诚信证券评估公司。

3. 发展阶段（1993—1999 年）

1992 年 12 月国务院下发了《关于进一步加强证券市场宏观管理的通知》，明确了债券信用评级工作应为债券发行审批的一个必要程序。自此，国内部分省份成立了各自的信用评级公司。到 1999 年末，共有 20 多家信用评级机构开始对国内的上市公司和银行金融机构进行评级。

4. 竞争阶段（2000 年至今）

2000 年以后，国家发展改革委接管了国内的评级工作，人民银行开始对贷款进行评级和监管。与此同时，国内信用评级机构不断增加，评级的重要性与必要性被全社会公认。目前，所有的发债行为都要提供相应的评级报告。国内评级机构也不断加强与国外评级机构的交流，引进国外先进的评级方法，不断充实和完善评级的指标体系。

二、我国信用评级发展的现状

1. 信用评级业务不断拓展

我国信用评级始于债券评级，目前债券评级是信用评级唯一受到监管部门指定的环节，按照人民银行和证监会的有关规定，征信原则开始建立并不断完善。2006 年人民银行颁布《信贷市场和银行间债券市场信用评级规范》，提出新的指导意见。2007 年，证监会颁布了《证券市场业务评级管理暂行办法》，并先后核准中诚信、新世纪、鹏远、大公和联合 5 家证券信用评级机构从事证券市场信用评级业务。特别是 2008 年，中国人民银行颁布了《关于加强银行间债券市场信用评级作业管理的通知》，要求评级机构做好评级的现场访谈工作，将评级机构预备评级单位高管访谈作为评级的主要条件之一。2009 年，经证监会批准的 5 家评级机构共同签署《证券信用评级行业自律公约》，承诺规范开展证券市场信用评级业务。

2. 信用评级业务范围不断扩展

目前，我国信用评级业务范围涵盖信贷市场、债券市场、个人消费信用市场、商业信用市场等。个人、银行、企业、非银行金融机构、专业机构等众多机构及个人都在服务范围内，并且已经有少数评级机构走出国门提供海外服务。新增服务产品主要包括：企业信用报告、个人信用报告、信用调查报告、债券主体评级报告、债券债项评级报告、借款企业评级报告、机构评级持续跟踪报告等。目前，我国评级机构已经形成了企业债券评级、贷款企业评级和银行间债券市场评级三大业务平台，服务对象包括企业、金融机构和非银行金融机构。

3. 信用评级机构的发展现状

截至 2015 年底，我国征信机构共有 150 多家，征信行业年收入 20 多亿元。目前，我国征信机构主要分为三大类，第一类是具有政府背景的信用信息服务机构。一般是由各级政府设立的征信部门或者机构，为政府或者社会服务机构提供信用信息。第二类是社会征信机构，50 家左右，这些机构的业务范围包括信用登记、信用调查等。社会信用机构的规模一般较小，机构分布区域与区域经济发达程度有关，机构发展不平衡，这些机构一般都为企事业单位服务，为居民个人服务的较少。第三类是信用评级机构。目前纳入人民银行统计范围的信用评级机构共有 70 多家，其中 8 家主要从事债券市场评级业务，其余的从事信贷市场评级业务，主要包括借贷企业评级、担保公司评级等。

三、对我国评级事业发展的评价

我国信用评级机构和体系的建立一直奉行"政府主导型"模式，在政府相关部门制定规则和制度的引导和约束下，我国信用评级随着改革开放逐步发展起来，评级机构不断增加。此外，与西方国家不同的是，我国征信数据系统是在国家主导下建立的。2009 年，我国征信数据系统在发展多年的基础上，由人民银行进行了统一，并发布了《征信数据元　数据元设计与管理》和《征信数据元　个人征信数据元》两项标准，这是我国首次专门针对征信业制定发布的第一批标准。数据是我国信用评级的一项重要基础工作，我国征信业务的开展就是从国家统一征信数据开始的，由企业逐步过渡到个人。尽管我国的信用评级事业取得了较大的发展，但是与以美国为代表的西方国家相比，由于起步晚，在技术和理念方面仍然相对落后，评级机构的实力较差，评级的外部环境不佳，评级机构内部管理仍然不太规范。目前，在我国还没有一个权威的被各方都认可的评级机构，对地方政府信用评级工作还没有真正开展，没有专门从事地方政府信用评级的机构，也没有为地方政府负债建立专门的评级指标体系。

第四章 对美国市政债评级指标和方法的评价

美国证券市场是全球最发达的市政债市场，是市场化程度最高的市场，美国的市政债发行与交易以及监管制度是金融市场中最为规范的制度。我们研究美国市政债的发行制度、评级制度以及评级方法和信用风险规避方法，是为了学习美国市政债发行评级中的经验，为进一步完善我国的市政债发行和评级以及防范风险服务。

第一节 美国市政债发行与评级管理

市政债发源于美国，从 20 世纪 40 年代起，市政债就已经成为美国州政府支付基础设施建设和提供公共服务产品最重要的资金来源。与其他西方国家相比，美国的市政债发行量是最大的，制度是最成熟的，管理是最完善的，在法律、制度、管理及市场运作方面为全世界作出了榜样。19 世纪 20 年代，美国在完成了西部大开发后，市政建设被提上议事日程，由于联邦政府实行的是财政硬约束，各州基础建设资金无法保证也没有更多的来源，增加税收会令选民极度反感，只能另辟蹊径。1812 年，纽约州在开凿伊利运河时遇到资金障碍，纽约州政府通过发行地方政府债券在极短的时间内筹集到了所需资金，用不到 5 年的时间建成了运河工程，这一工程直到今天还在纽约州的经济发展中起着重要的作用。这种融资模式随即被美国所有州政府接受，因为让人们主动购买回报率较高的市政债要比强行开征税种容易。这种融资模式是一种金融创新也是一种融资创新，对未来全球政府筹集资金开创了一个非常可行的模式。自此，通过发债筹措基建资金成为美国各州政府及州以下政府进行基础设施建设融资的首选。1840—1880 年，美国城市人口快速增长，各个城市公共服务水平远远不能满足人口的增长需要，同期的西部开发州和有关州的铁路建设对市政债需求达到了一个新的高峰。当时，各州负债规模已经达到了联邦政府总负债规模的 50%。20 世纪初，随着美国完成第一次工业革命，美国各州城市发展、铁路建设和免费公共教育对州政府发行市政债提出了更高的要求。从有关数据来看，1902—1932 年，30 年间美国地方政府负债增长了 10 倍。

随着市政债的成功，每当美国州政府进行大规模基础设施建设和公共事业投入时，负债都会剧增。2008 年以来的国际金融危机对美国经济建设产生极大的冲击，各州基建资金严重不足，迫使时任美国总统奥巴马批准《2009 美国经济恢复和再投资法案》正式实施，同意各州在 2009 年和 2010 年每年自行发债。为应对国际金融危机，市政债已经成为美国政府恢复经济增长的主要手段之一。

2013 年末，美国新增市政债 3316 亿美元，占美国政府发债总量的 5.2%，占当年全国 GDP 的 2%。一般责任债券（General Obligation Bonds）发行量占市政债总量的 38%，项目收益债券（Revenue Bonds）占当年市政债总量的 57%。到 2013 年末，市政债存量 36712 亿美元，占债券市场总存量的 9%。

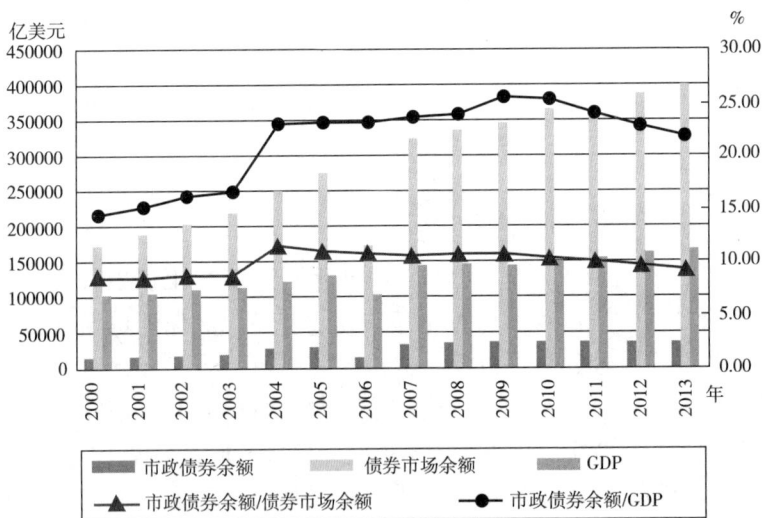

图 4-1　美国市政债券在债券市场中所占比重

一、美国市政债券评级制度、方法及指标体系

美国市政债采用注册制和信息透明公开披露制发行，联邦政府不审批各州发债申请，各州也不会提出，各州在金融市场上提供符合注册和披露

标准的发债公告，遵守相关规定即可发行。上级政府不对州政府或州以下政府发债的风险性负责，发债的风险主要由金融市场进行评级和交易识别，依靠专门的金融机构进行监管。识别市政债风险的部门有律师事务所、审计部门、保险与信用评级机构。其中，信用评级是风险识别的主要手段，通过评级为投资者提示投资风险。美国有全球知名的三大信用评级机构，分别为穆迪、标普、惠誉。按照法律规定，州政府发行债券时，这三家公司中的至少一家必须对市政债的风险进行信用评级，如果地方政府要调整信用级别，需要至少两家公司展开双评级。对州政府信用评级一般在债券发行前公布，评级机构重点分析地方政府的经济、财政、债务、偿债准备等因素。三大评级机构的具体评级方法如下。

1. 标普信用评级方法

第一，根据内外有别的原则，标普信用评级方法分为对国际评级法和对美国地方政府评级法，关于美国市政债基本上分对州和州以下政府评级方法，对美国政府信用实行双评级，不但要进行主体评级还要进行一般责任债券评级。对于外国政府，标普一般会给出一个关于政府的定义，考虑到各国国情的复杂性不说明其职权范围。但标普评级机构认为，不论是美国政府还是外国政府都有可能管辖范围不同和职权不同，但政府承担的责任大致相同，一般都要为地区基础设施建设和提供公共产品服务提供资金支持。除了税收资金和转移支付外，举债资金是地方政府一个最主要的筹资渠道。对地方政府评级时，标普一般会先分析地方政府财政概况和负债概况以及清偿债务能力，通过打分确定定性和定量影响因素，在此基础上进行加权平均，再综合行政体制管理因素的得分值，用矩阵模型确立风险级别，对于模型无法量化的政府风险因素，单项进行确定和调整。评级的步骤如下：首先，对地方政府的经济总量、预算水平和弹性、债务负担、未来的资金流动性和政府管理能力要素进行收集整理，通过定量和定性的方法进行分析，在建立评级模型的基础上进行调整。如图4-2中先确定"预算表现和弹性"和"债务负担和或有负债"两个因素，测算相关因素权重。其次，将主要影响因素代入矩阵模型，确定风险指示性级别。最后，对一些指示性级别进行调整，最终确定地方政府的信用等级。上级政府的担保是需要参考的最重要的额外因素。按照评级惯例，地方政府信用级别绝不能高于国家主权级别。如果地方政府资金流动性分数定为"5"（5分属于最差），那么地方政府信用评级在任何情况下只能等于或者低于BB+；发展中国家地方政府执行和管理能力较差，当现金流与预算管理的分数均为"5"时，地方政府风险级别只能低于或等于 B-，或比 CCC+评级更低。

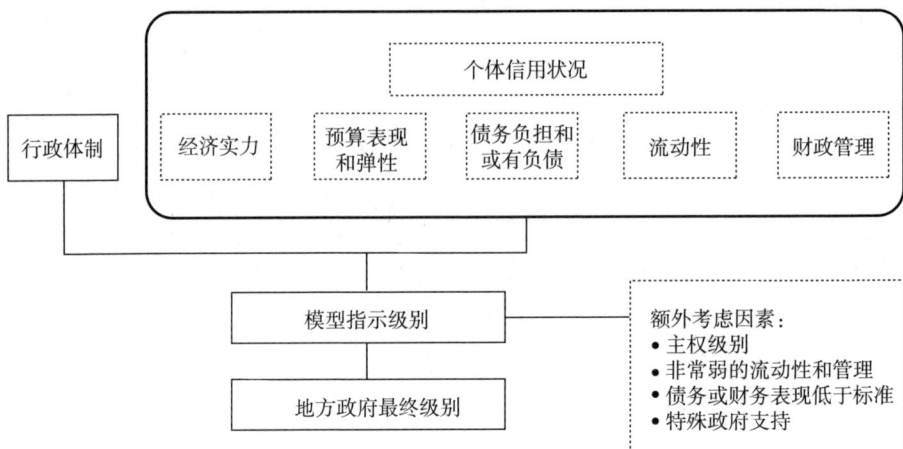

图 4-2　标普国际地方政府评级思路

第二，标普对于市政债评级思路为：主要通过打分卡确定有关因素分值，在此基础上分别进行加权，对加权分值平均后，再用行政执行力的矩阵表建立评级模型，通过模型外的一些因素进行调整，根据调整后的情况获取地方政府债最终级别。具体做法是：第一步，依据被评级地方政府的政治体制、经济水平、财政收入、未来现金流、债务等，用打分卡进行计分。行政体制的权重标普定为 10%、经济实力的权重标普定为 30%、财务水平及管理的权重标普定为 20%，流动性、预算结果与弹性，标普分配了各自 10%的权重，负债标普也确定为 10%的权重。第二步，模型外积极和消极的调整因素定为调整指标进行权重分配，确定得分。流动性为 4 分，地方政府风险评级上限一般定为"A-"。流动性为 5 分，地方政府风险评级一般定为"BB+"；如果财务得分为 4 分，地方政府信用级别将小于"A"。财务管理得分为 5 分，但最终得分不会超过"BBB-"；一般政府基金级别最高限制在"A-"，如果一个地方政府连续负债存在明显的长期问题，它的级别最高不能超过"BBB"。

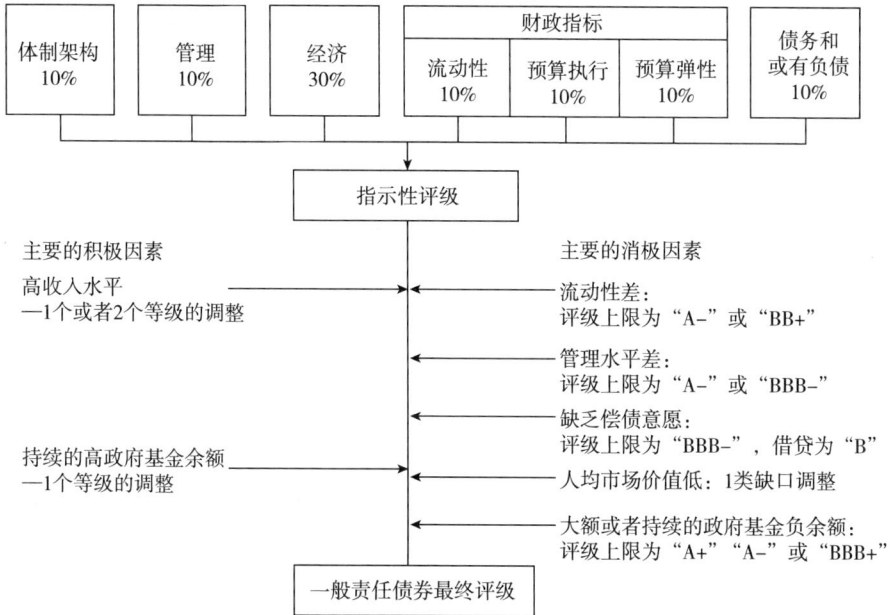

图 4-3 标普美国地方政府评级思路

2. 穆迪的评级

穆迪的评级分为美国政府与非美国政府两个评级方法。非美国地方政府的评级一般用主体评级法，美国政府的评级一般用责任债券评级法。穆迪对外国政府会给一个大致的定义但未确定其职责范围。认为这些政府会通过征税、收取费用或转移支付收入来筹集基建和公共服务所需资金。但对于美国地方政府给定了范围，包括 5 个组成部分：县、市、镇、村、学区。它对政府的评级路径为：在确定政府基本信用实力的基础上，总体评级地方政府系统性风险，重点考虑有无中央政府的担保因素或支付转移因素，根据模型方程计算确定信用级别。一般情况下，穆迪对外国采用联合违约分析方法，即在地方政府基本财政实力出现严重流动性危机时上级政府能否救助的基础上确定信用级别。

第一步，分析地方政府基本财政实力。首先，在充分测算地方政府经济水平、政治管理体制、财政收入及债务情况、未来现金流收入等要素分值的基础上用打分卡对各项因素打分。其次，考虑不同国家的不同政治风险，引入相关因素建立系统性风险矩阵模型确定政府得分；对不可量化的重要因素进行评估，引入评级模型，最终确定地方政府信用风险级别。穆迪对最终评级结果以小写字母 a 开头，提示区域和地方政府信用程度，如

aaa 与 Aaa 表示的风险一致，那么 aa1 与 Aa1 表示的风险一致。

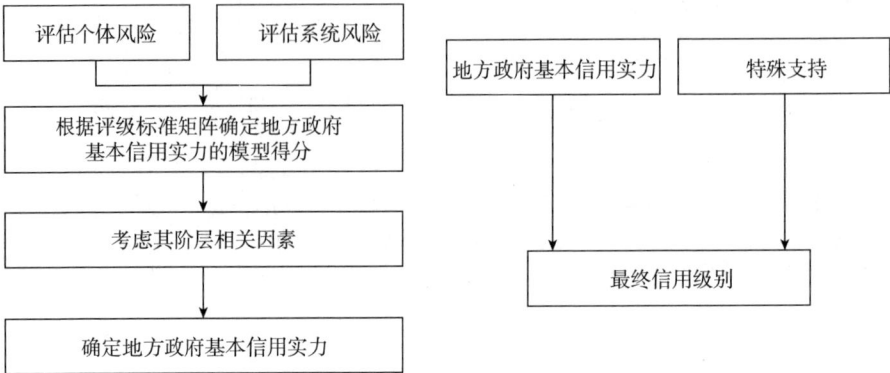

图 4-4　穆迪美国以外地方政府评级思路

第二步，对中央政府的担保因素、中央政府对地方政府财政管理关系与转移支付关系重要因素进行研究。穆迪将中央政府对地方政府的支持程度分为五等级：低等级（0~30%）、一般等级（31%~50%）、强等级（51%~70%）、高等级（71%~90%）、极高等级（91%~100%），通过专家分析测评进行打分定性评估。使用 $P(LH/S)=(1-S)\times P(L)+(S)\times P(LH)$ 计算得出政府相关实体的级别区间，其中，$P(LH)=W\times P(H)+(1-W)\times P(L)\times P(H)$，两个主体的违约相关程度为 W（$0\leq W\leq 1$），支持程度为 S（$0\leq S\leq 1$）。

第三步，根据综合因素调整，确定地方政府的最终信用等级。

穆迪一般责任债券评级的思路与方法。穆迪的一般责任债券评级，是前瞻性评估，是穆迪对地方政府经济状况及展望、财政、债务、治理情况等要素认真分析后，通过定性与定量相结合的方法进行风险评价，并对这些因素进行加权平均，各因素的权重不同（见表 4-1）：它不同于非政府主体评级方法，没有分析行政体制和上级政府支持等因素。

表 4-1　穆迪美国政府评级指标及其权重　　　　　单位：%

指标	权重
经济实力不突出属于平均水平	40
年度财政收入增长幅度平均增量大小	30
地方政府实际管理能力及执行力	20
地方政府财务负债总量及负债率	10

资料来源：中债资信。

3. 惠誉的评级方法

惠誉的地方政府评级方法也分为外国和美国两种地方政府评级方法，对外国政府用主体评级法，对美国地方政府用税收支持债券评级法。惠誉对外国政府定义及确定其职责范围，对美国政府给出范围：城市、其他城镇、县、学区、特别行政区5级。

第一，对外国政府评级的路径与方法。其评级路径为：首先评估外国政府政治体制、行政能力、政府即期负债与远期债务、远期现金流、预算管理与政府执行力等因素，以定性和定量相结合的方法确定地方政府的最终信用等级，分析要素时重点关注是否存在作用力相反的情况。

第二，对美国税收支持债券的评级方法，其评级思路与主体评级方法不同。通过分析美国各级政府负债总量变动、经济潜力、财政收入预期、财政管理与执行力四个要素，用定性和定量相结合的算法建立测算模型，经过测算确定政府信用等级。在评级过程中与考察国外政府一样，特别注意评级因素之间的对冲性和反作用力。

二、穆迪、标普、惠誉评级要素比较

表 4-2　穆迪、标普、惠誉评级要素比较

项目	标普评级重点分析因素	穆迪评级重点分析因素	惠誉评级重点分析因素
评级机构评级要素比较	地方政府行政体制	综合性风险	行政管理体制
	各自信用品质	单个风险	自身信用品质
	宏观经济	微观经济基础	债务与负债
	财政能力	行政执行力	财政预期及实现
	预算的实现与可能	财政债务总量	财政执行力与管理水平
	政府财政预算收入	政府行政执行力与管理能力	宏观经济调控措施
	财政资金流动性变化水平	—	—
	地方政府负债水平及负债率	—	—
	或有负债总量	—	—
	中央政府承诺与支持	中央政府承诺与支持	—
	重要意义和重要作用	行政管理体制	—
	历史记录	历史行为	—
	法律及宪法规定	地方政府特征	—

续表

项目	标普评级重点分析因素	穆迪评级重点分析因素	惠誉评级重点分析因素
美国地方政府评级方法	与外国政府评级大致相同	仅评估经济状况、财政收益、财政管理和债务状况	行政体制因素除外，其他因素相同

资料来源：中债资信根据穆迪、标普、惠誉相关评级方法整理。

从表4-2中可以看出，标普、惠誉、穆迪对于地方政府评级要素虽有差别但大致相似。相同之处有：首先，都关注地方政府的信用质量；其次，对地方政府政治体制、经济规模及未来发展趋势、财政收入水平、财政管理能力极为关注。同时，穆迪、惠誉、标普在逻辑和方法上存在差异。因此，具体关心的要素也存在差异。三者的主要差别在于：第一，在评级分析框架中，标普和惠誉着重从行政执行力和政府负债程度两个方面考察，穆迪则是从地方政府质量（包括经济规模、负债率、未来现金流、财政收入水平等）及中央政府担保和承诺等因素，将未来系统性风险（国家主权风险）作为关键要素考察，标普和惠誉则将政治体制作为重点考虑的因素。第二，对于特殊政策特殊分析。穆迪将特殊政策作为评级分析的关键要素，标普也对特殊政策重点分析，但它们都将外部支持要素同等对待。但惠誉没有重点考虑这个因素。标普对美国一般责任债券评级要素与外国政府评级要素都进行考察评估，惠誉不考虑政治体制因素，穆迪重点分析美国政府经济、财政、管理和债务四个要素。

第二节　美国地方政府市政债评级实践

一、美国市政债评级的实践

以标普信用评级为例，标普公司共评级政府主体51061家，AA～AAA级别的评级占比为40.54%，A级别占比为42.55%。每年标普都对地方债评级进行升降分析，2008—2012年为规避国际金融危机的影响，标普通过对市政债评级的调整，给投资者及时的风险信息。2013年，标普将地方政府信用评级升级652家，降级241家，确定违约的10家，经标普评级的10家违约债市场给予公认，并重点关注其变化，标普评级有效揭示了其存在的风险。

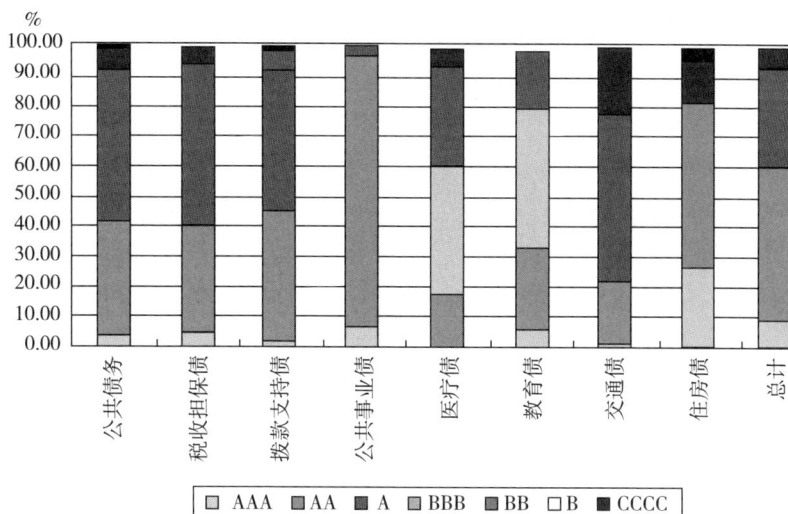

图 4-5　标普美国市政债主体评级分布（截至 2013 年 9 月）

二、美国地方债券发行方式比较及评级方式比较

1. 美国政治、财政、法律体制对市政债发展的影响

由于美国各州在加入联邦之前，分属的殖民地情况各不一样，加入联邦以后又有利用战争和欺骗购买的土地，因此，这个联邦制是一个松散制的联邦体系，各个州都有自己的法律、警察体系、税收体系。50 个州政府除国防、外交之外所有主权都具备。再加上南北战争的阴影，南北双方互不信任，各州的独立性很强。从财政制度上看，各州除了缴纳联邦税外，与联邦政府没有任何联系，中央政府与州政府之间没有任何资金分配往来。中央与地方财政预算各自编制，联邦政府不从州里要钱，各州也别想从联邦要钱。结局是联邦与各州之间形成财政上的硬约束。因此，各州基础建设和经济发展靠自己融资。19 世纪后期纽约州发债自筹资金开凿运河，各州纷纷效仿并形成了发债制度。自此，各州独立决定发行市政债成为传统。由于联邦制比较松散，发债并不需要中央政府审查批准。州以下政府各自发债也不需要州政府批准，对各自发债行为负责。

2. 联邦政府对地方债的监管

20 世纪 70 年代以前，联邦政府对州政府发债没有监管措施，仅有反欺诈条款适用于市政债的发行与交易。地方政府发行市政债不必向美国证券交易委员会（SEC）报备，各州对自己的发债决策、投资以及风险负责。

1975 年首例市政债违约发生在纽约州。后来，华盛顿州公共能源系统债出现违约，对美国社会造成极大震动，社会要求联邦政府制定一部法律，直接参与对各州市政债的监管。1975 年联邦政府颁布《证券法修正案》，成立市政债券规则制定委员会（MSRB, Municipal Bond Rule-making Board），联邦政府开始制定美国统一的市政债行为规则，但委员会本质上是一个行业自律组织，并不能直接干涉州政府发债及监管市政债风险。在金融市场，债券发行人与金融市场交易者及评级人之间没有相互监管的义务，它们也没有监管权限。美国中央政府与州政府在财政收支方面是硬约束机制，不对州政府进行财务救济，也仅仅要求自律监管为主，并成为各州的理念。

但是美国联邦政府为了维护国家的统一和稳定，在因市政债引发金融风险时，特别法律要求联邦政府应按照法律程序给予援助，向地方政府提供紧急财政援助，支持州政府度过风险期；各州政府国库都备有一定的风险准备金，随时为州及以下各级政府出现市政债兑付危机时提供资金援助，帮助危机政府摆脱债务风险。

联邦体制决定了市政债具有较强的地域特点，除了职业投资者外，各州的市政债基本都由当地机构和居民购买。美国的税收主要由各州负责，州政府对市政债的优惠政策仅限于当地，这种市政债跨地区流动极少。市政债在美国的发行主体主要是州政府及州以下政府或者是政府的代理及授权机构。到 2015 年末，联邦共有约 55000 个市政债发行人，州地方政府及其代理机构都是规模较大的发行人，州以下政府都是较小的发行人。

第三节　美国地方法律对市政债发行的监管

一、美国联邦政府对地方债的管理原则

松散的联邦制决定了中央政府无权干涉各州债务发行规模和负债的规模，但是州政府必须实现年度预算平衡，仅有少数几个州政府没有关于强制平衡预算的要求。由于联邦政府没有责任救助各州政府，州政府预算平衡的要求从制度上保证了各州预算的稳定性。州政府对地方负债控制的重点是一般责任债券（General Obligation），因为这部分债是以州政府的全部税收作为还债来源的，对各州财政的影响重大。美国评级机构对各州负债的控制指标主要有负债率、资产负债比等。各州对发债风险实行自我管理以及自律为主。以纽约州为例，州政府要求其一般责任债券不得超过当年

州税收的 10%。美国有 37 个州在立法中对本州地方政府债做了额度限制，为防范风险，规定州债务余额与年度预算收入比不能超过 120%、债务余额占该州 GDP 比重不能超过 15%。对于以运营收益为还款来源的收益债券（Revenue Obligation）则对举债规模进行了限制。总体看，市政债在美国各州总负债中占比约为 20%；长期市政债占当年 GDP 的 2%～4%，总体还债水平不超过当年财政收入的 10%；长期合作短期市政债余额与各州年度 GDP 比在 15% 以内。目前，部分州市政债的筹资收入已经成为地方基础设施建设资金的最主要来源，是地方政府财政收入的 80% 左右。各州议会一般对州政府公共基金的使用许可、税收和债务比重、相关发行信息和公开听证等都进行有效监督。

二、美国地方政府债券出现风险与处理方法

1. 美国地方政府债务风险预警体系

美国俄亥俄州最早在全州建立了市政债的预警指标体系及参考指标，并形成完整的地方财政监测模式，开始为美国联邦各州所接受，最终成为地方债务风险预警的经典监测模式。20 世纪 70 年代末，俄亥俄州出台《地方财政紧急状态法》，该法对财政风险 10 个种类的情况（如表 4-3 所示）进行细分和日常监测，州审计局负责日常地方债风险监测，对风险严重的预测，将向州政府提交地方债风险书面监测报告并通报州财政部门，以下为地方政府债务因素的"预警标准"。

表 4-3 美国地方政府市政债风险导致财政危机监测标准

第一条	持续 3 年预算赤字且赤字率每年达到 1% 以上
第二条	预算支出超过财政年收入已经持续 3 年以上
第三条	出现拖欠债务兑付的本金或未支付到期利息
第四条	拖欠员工工资 30 天以上
第五条	超过 1 个月及以上没有支付债权人本息
第六条	债务兑付出现问题，希望债权人对其中 30% 以上债务延期兑付的谈判未成功
第七条	连续 2 个财政年度地方政府预算赤字率达到 5% 以上
第八条	根据《地方养老金计划筹集标准或复兴法案》养老金未及时支付
第九条	根据《破产法》第 9 章规定的债务重组方式
第十条	不动产税增加但服务却明显减少

2. 美国市政债发行管理机制

联邦政府没有出台统一的市政债监管法律，松散的财政关系使得各州自行其是，关于市政债发行的决策人、发行程序及其风险责任各州规定不一样。以佛罗里达州的迈阿密市（City of Miami）为例，迈阿密市市政债发行由城市委员会负责。它由市长、副市长和三个委员组成，这个委员会对发债及风险负责，但日常工作则委托该委员会任命的城市经理人具体管理。经理人负责提请发债并准备书面文件，但是否发债由城市委员会决定。

3. 美国市政债信用风险管理相互制衡的"三个阀门"

20 世纪起，全球经济出现多次周期性的危机，一旦出现危机，立即就会波及市政债的还本付息。2008 年以来的国际金融危机也给市政债的发行和风险管理带来极大的隐患，作为金融市场上市政债的投资者，不得不寻求美国中央政府和州政府的承诺，与全球大多数国家的公民一样，大家都认为政府债有了风险就得由政府负责。但是，美国联邦法院认为公众的要求是荒谬的，赚钱时为什么不分给政府，投资失败了却要政府负责。联邦法院认为市场有风险，投资者必须对自己的投资失败负责，而不应由政府负责。经过长达 100 多年的磨合，美国以市场制约的方式较好地解决了这个问题，主要通过信用评级、信息披露和债券保险三大制度进行风险制衡。

首先，信用评级机构独立对地方政府还债能力进行评级，从起始阶段就披露风险存在的可能。由独立评级机构进行风险评级和披露信息，在市场充分为投资者揭示债券投资价值和风险等级，由投资者根据评级结果自我决定是否投资，这样投资后的风险就由投资者自己承担，因为信用评级已经给出了风险投资的级别，出了问题不能再找政府负责。比如穆迪公司根据多年评级经验，认为信用等级在标准普尔 BBB-或者穆迪 Baa3 之上的市政债是安全的，在金融市场如果地方债评级达不到这个标准就找不到投资者。当然，2008 年以来的国际金融危机暴露出评级公司为了收取评级费用与地方机构合谋造假的事件也是存在的。

其次，通过严格的信息披露制度及时揭示有关风险。在金融市场中，发行人有义务向相关投资者提供完整的风险信息，以保证投资者对购买市政债的风险判断。1989 年修订的《证券法》规定，如果地方政府拟发行市政债，就要通过官方文件正式承诺应负的责任和应承担的义务，市政债进入金融市场前，由市场上的独立审计机构对地方政府的财务、债务、偿债能力进行审计。要求地方政府聘请 1 名具有国家认可专业资质的"债券或独立律师"对发行的合法性、免税待遇出具法律意见，承诺债券的可执行性。

市政债财务报告必须符合公认会计原则，各州被要求按照公认的会计准则编制年度会计报表，并对财务报表中存在的异常情况进行说明。此外，这份财务报表必须有独立审计师出具的意见。

最后，保险公司为市政债提供保险的机制。保险虽然不能消除风险但可以转移风险，由于市政债信誉较好，保险公司一般不需担心兑付问题。通过为其提供保险，地方政府可以节约利息支出提高债券信誉度，保险商通过债券保险获利，投资者规避了信用风险。目前，已有 10 多家市政债专业保险公司，组成了行业组织"金融担保保险协会（AFGI）"为各金融市场各个环节提供债券保险服务。由于保险公司的介入，市政债成为投保债券，交易商可以获得高利，所有相关机构实现共赢。

第四节　对美国信用评级体系以及相关评级指标的评价

一、美国的征信体系由该国经济模式决定

从美国的经验看，一个国家的征信发展和征信指标体系的建立是由一个国家经济发展的市场化程度决定的。在长期的市场经济发展过程中，美国市场经济对征信有了要求，所以，美国的征信体系的建立是由市场主导的，并且征信运作完全按照市场化要求进行。美国仅在法律框架下对征信业进行必要的和有限的监管，并且根据美国的国家政治体系，分别由联邦政府和各州政府以及行业组织依据法律执行各自的监管权力，并且监管环境较为宽松。欧盟国家既有以中央银行为主体建立的公共征信系统，也有以市场为主体建立的征信系统，但与美国不同的是，欧盟各国普遍成立了专业监管机构，并且非常重视对个人隐私的保护，采用了较为严格的监管模式。我国的征信体系起步较晚，并且在国家主导下，依靠中央银行和证监会开展征信工作，在发展征信业的同时，注重培育征信市场。

二、美国建立了以法律体系为主导的多元化监管模式

美国实施的是政府部门多头监管模式，没有专门负责征信业监管的行政部门，由相关法律对应的主管部门在其相应的职权范围内履行执法职能。美国的征信监管部门分为两类：第一类是金融监管的相关部门，主要包括财政部货币监理署、美联储和联邦保险公司，主要监管金融机构的授信业

务，法律上指定美联储和财政部的货币监理署作为执法机关。第二类是政府非金融监管部门，主要包括司法部、联邦贸易委员会和国家信用联盟总局等，主要规范商业征信业务。联邦贸易委员会是美国主要的监管部门，负责法律的解释和执行。

三、美国比较注重市场自由发展

市场经济是美国立国的根本，也是征信发展的基础，因此，美国政府一直利用市场来促进征信业务的发展，为征信业提供了较为宽松的发展环境。如美国要求政府、企业、个人和其他组织披露和公开掌握各种信息，政府信息以公开为原则，以不公开为例外。信用中介机构在采集和提供个人信用信息时，无须经信息主体人同意，但对涉及美国国家安全的信息加以保护和例外，对征信机构的滥用征信信息行为进行严格监管和惩处。

四、美国三大评级机构常用的评级指标体系

信用评级指标体系是评级机构在对评级对象的资信状况进行客观公正评价时采用的评估要素、评估指标、评估方法、评估标准、评估权重和评估等级等项目的总称，这些项目形成一个完整的体系，就是信用评估体系。评估体系是信用评级的标准和依据，没有一套科学的信用评估指标体系，信用工作就无法开展。经过长期发展，美国形成了穆迪、惠誉、标普三大评级公司，这三大评级公司通常采用的评级指标体系虽然存在差别，但大致上相同，是全球引领评级的风向标。它们采用的基本评级指标体系有：一是信用评级的要素。美国一般以"5C"要素作为信用评级的基本要素。在我国主张五性分析，包括安全性、收益性、成长性、流动性和生产性。二是信用评级的指标。指标的选择必须以能充分体现评级的内容为先决条件，要求通过几项指标能够将一个单位的某一方面的情况全部揭示出来。三是信用评级的标准。美国评级机构一般将资信状况划分为不同的级别，并对每一项指标定出不同的级别标准。明确标准是建立信用等级的关键，目前美国三大评级公司采取的标准就是国际通用标准，但我国评级标准与国际差别较大。四是信用评级的权重。它是指评级指标体系中各项指标的重要性。美国三大评级公司认为，信用评级的各项指标不能同等看待，必须分出权重，权重大的指标在体系中占有重要地位。五是信用评级的等级及反映资信等级级别的符号。美国评级公司采用英文字母 ABC 来对评级等

级进行分类，通常分为9级，但强调·国企业发行的债券信用等级不能超过所在国的主权等级标准。六是信用评级的方法。信用评级通常分为自我评议、专业机构评议和专家评议。一般情况下是三种方法相结合，以期达到最佳评价结果。

五、美国评级机构对评级的反思

美国在2007年次贷危机后，开始对国内征信行业的自律问题进行反思。美国监管部门2008年2月宣布，将采取27项措施进行自律和自我检查，以增强评级过程的透明度，重新树立公众对评级机构的信任。这些措施包括设立一个巡查机构，专门处理公众意见，定期雇用外部机构对三大评级公司进行独立审计等。SEC对评级机构的监管进一步加强，并且提出了8项新的监管措施，包括评级机构的财务实力、评级机构如何处理与被评级机构的财务往来关系等。

第五节　美国市政债信用风险管理经验对我国的启示

一、我国地方政府面临的信用问题

1. 政府干预使市政债的发行主体资格被质疑

在我国，发行债券时地方政府更多以行政角色出现，以优势地位习惯性取代一些市场应扮演的角色，并且存在"权力寻租"的可能性。而投资者不是更多地关注政府的财政负债水平以及经济发展的潜力，而是更多地关注有无政府担保。这是将一个金融市场的投资变成政府"圈钱"的工具。政府不是法人，没有权力为市政债提供担保，这个关系一定要搞清楚，政府在市场中的定位一定不能乱，主体的资格被质疑，必然会影响市政债的健康发展。

2. 地方政府监督的缺失，使市政债的发行规模容易失控

我国地方政府由于与中央政府不存在财政硬约束关系，在官员政绩考核机制扭曲的作用下，地方政府官员热衷于圈钱后大干快上，不考虑后续债务兑付问题。目前地方债务规模在不断扩大，但规范的监管机制并没有建立，政府既是发债人又是使用人，没有监管约束，信息披露制度也没有建立，地方财政偿还巨额债务的能力从何而来，风险最终会转嫁到中央财

政身上。

3. 发行市场缺乏科学的评估体系和评估做法，市政债定价不合理

由于评估体系不科学，地方政府发债时没有准确地反映融资成本，导致地方政府投资决策由领导说了算。由于主要官员是上级任命，对上级负责，对政绩考核负责，项目投资不考虑效益，不考虑还本付息。投资者的利益如何被保证，地方政府一般不会考虑。

4. 通过市政债融到资金却没有监管，使用效率值得关注

与西方国家相比，我国政府在职能上与它们差异较大。西方是"小政府大社会"，政府的职能是负责提供基础设施、社会保障等，我国是"大政府小社会"，政府承担职能过多过大，并且政府的职能随政策的出台不断增加。政府职能呈现多样性，融资却没有专门机构监管，地方政府主要领导人过多参与资源配置，不但导致投资低效而且腐败多发，项目投入一个人说了算，效益也无法保证。

5. 新官不理旧账，还款无法保证

由于主要官员由上级任命，一般干几年就走了，在任期间为了追求政绩拼命融资上项目，至于效益如何与这些官员没有关系，后任的官员来了以后一般不会还前任的债。在偿债方面出现"断链"现象，在市场中失去了政府的信誉，市政债的偿付会出现风险。

6. 现行的审批体制容易造成市政债投资项目决策上的失误

地方政府发债目前是审批制，不像美国一样是备案制。审批制虽然符合现阶段我国的国情，但是产生的问题较多，不仅数量不能满足地方政府需求，而且容易形成寻租问题。建议我国发债尽快过渡到备案制，政府对自己发债行为负全责，杜绝道德风险。所以，当前完善发债机制是风险防范的首要任务。

二、地方政府信用风险对相关制度的要求

由于发债时间短、相关制度不健全、信用评级不规范以及缺乏专业人才队伍，我国地方债存在着不容忽视的风险，我们应在发行中不断总结完善制度和措施，学习借鉴美国市政债信用风险控制与管理的成功经验，结合国情，走适合中国地方债信用评级的路子。

1. 进一步完善我国独立的商业资信评级制度

美国的成功经验表明，一个成熟的市政债依赖于信用风险评级以及评级机构的权威性，建立一个全国性的权威的信用评级机构是我国市政债健

康发展的前提。现阶段，我国评级机构一般都是依托银行建立的，具有行业性和地域性，容易造成投资者的误读及削弱市政债市场的公正性。非依托银行业建立的评级机构，受利益的驱使为争客户资源，其评级过程和结果有利于被评级对象，致使评级结果失真。我国的改革都是以政府为主导的，在政府的主导下建立一家或几家全国性的评级机构是当务之急。也可以对现有条件较好的评级机构进行改造，使其最终成为全国各地区各行业能够代表市场进行评级的全国性的统一的评级机构。

2. 进一步完善债券信息收集和处理机构

由于国内机构和地域以及市场之间的分割，目前我国还没有一家机构能够提供完整的债券市场信息。现有机构提供的债券信息要么不及时，要么不完整，要么不准确。特别是对于各地政府的财政收支和项目信息更难以全面完整地提供。完整透明的信息披露是市政债评级的首要条件，建立国家统一的政府财政信息网及债券发行信息网非常有必要，应强制性地要求地方政府及时准确和客观地披露信息。政府的主管部门应加强市政债发行的信息透明度和规范性，只有准确、真实、及时的信息披露才能为信用风险评估提供可靠的基础和保证。

3. 以金融创新提高市政债券的信用等级

美国市政债的保险机制已经非常完善，但这种保险机制目前在我国还不太适用。首先，我国进行自行发债的试点才刚刚开始，真正意义上的市政债规模有限，对于商业保险公司的吸引力不够。其次，我国对金融创新虽然重视，但实质性的金融创新不足，还没有任何一个金融创新产品可以分散市政债的风险，也很难产生"组合性的效应"。建议通过担保产品的创新来为市政债信用进行担保以提高其信用等级。虽然我国明确规定，政府机关不能作为法人主体对外进行担保，但是笔者认为可以利用商业担保公司的产品创新来达到多赢的目的。

三、不断完善地方金融生态环境

投资者对地方债评级的认可实质上是对一个地区金融生态和财政生态以及法律生态的认可。地方债的评级定价、信息披露以及真实性客观性和法律的公正性实质上是一个地区社会、文化、经济、金融、法律，甚至民心的综合反映。改革开放以来我国部分地区金融生态环境较差，法律生态环境较差，投资者对其地方债不认可是有原因的。经济、法律、生态环境的改变不是一朝一夕就能完成的，地方金融生态建设是市场经济和现代金融发展的要求，地方政府必须将不断改善金融生态环境作为地方经济发展的一个重要指标，得到投资者认可的良好的金融生态环境，才能保证地方债发展的可持续性，保证其债券市场融资的可持续性。从评级的角度看，建议我国的评级机构将地方政府的经济法律化作为一个评级标准，以此促进地方政府加快经济、法律、金融等生态环境的不断改善。

总体来看，我国未来将在不断完善相关法律法规的基础上，为地方债券发行管理制度和评级制度创造良好的外部条件，不断提高信用评级水平和质量，提升对地方债券发行水平和规模，减少投资者误判的风险。通过不断分散地方政府信用风险，提高地方政府预算收入水平，促进财政收入增加和投资质量提升、降低地方政府信用风险、促进经济良性发展，进一步形成地方政府良好的金融生态环境。

四、建立专门的地方政府信用评级机构和完善成熟的评级指标体系

借鉴美国的经验，我国应该建立专门的具有权威性的地方政府负债评级机构，这个机构一定是由中央政府主导的，不受各地方政府的行政干扰。在评级指标体系的设立中，首先，应将地方政府治理水平作为一项关键指标引入。过去，我们在对地方政府负债能力的考察中，很少把地方政府的管理水平以及对地方经济的治理能力作为一个关键指标引入，应该将地方政府办事效率作为一个重点方向进行评估。其次，借鉴美国地方政府评级经验，应将地方政府偿债能力中债权使用和管理水平作为一个重要评估标准。长期以来，我国地方政府负责人员对发行债券积极性很高，但债券的使用效率却不高，如果将债券使用效率作为评级的一项重要标准，就对地方政府负债的评级很有力度。最后，根据我国近年的实际情况，各地政府都有一定数额的或有负债，这是以前在考虑地方政府信用风险中从未关注过的因素，我们应该引进美国信用评估机构的经验和做法，加以重视。

第五章　我国地方政府信用评级体系的构建

　　地方政府信用风险评级体系的构建是一项十分复杂的基础性工程。其评级应考虑在评级模型中增加有关财政收入及支出、地方政府债务指标，必须考虑在评级模型中增加不可量化的宏观经济政策、地方经济基础、治理水平、投融资模式等内容。完善相关指标及建立预测模型是本章研究的主要内容。

第一节　我国市政债评级的界定、必要性及特点

一、市政债评级的必要性和特点

　　1. 我国市政债信用评级的特点

　　市政债与一般债相似，要对其进行价格发现和风险揭示。信用评级通过对地方政府的经济状况、财政收支、外部支持进行信用评级、信息披露，可在金融市场为投资者提供了一个可靠的风险提示，为地方政府确定合理的收益率，减少地方政府的融资成本。市政债分为一般责任债券和收益债券，前者以地方政府财务能力作为评级对象；后者以政府收益类项目作为评级对象。地方债风险评级具有以下四个特点：

　　其一，信用评级内容广泛。一般企业债的评级仅仅对企业未来偿本付息的能力进行评级，但地方债的评级内容包括地方的经济、财政，政府信用与治理、负债及还债能力等社会政治经济多方面的因素，内容远远超过企业债评级的难度与广度，就信息传递而言，其信息量远远大于其他债券评级。其二，实效性较强。地方债的评级与一般债券评级不同的是，地方政府信息内容多、变化较大，特别是受宏观政策影响较大，地方经济环境因素变化较快，必须随时对变化的信用再次评级，这是一般债券评级不存在的问题。所以，地方债需要经常评级。其三，具有简洁性。信用等级以简洁的字母、数字组合符号表示地方债的信用等级。通过特定的数字符号

揭示政府的信用状况，直截了当、简明扼要。其四，信用评级具有独立性、客观性、透明性。其评级完全由市场中独立的专业评级机构做出，不受行政权力的干扰，是一种纯粹的市场行为，评级结果在市场公布，透明、公开、客观，不受外部因素干扰。

2. 市政债信用评级的必要性

一是发现价格提示风险。在金融市场，参与交易的机构和投资者需要金融市场就某一金融产品提供完整的交易信息披露、风险揭示，投资者通过对信息的分析决定交易价格，规避投资信用风险。社会有关方面通过评级对地方政府进行有效监督，防止市政债带给地方政府信用风险。地方债进行评级和风险提示后，形成的市场利率可以成为金融市场重要的定价依据。二是约束地方政府谨慎负债。由于我国地方政府官员实行任命制，一般任期不会超过5年，官员需要政绩，无限的借债是不可行的，现行的行政手段和监督机制不能完全约束他们，而信用评级是目前一个最好的约束手段，在金融市场上有效地制约了地方政府不顾财力约束，基础设施建设大干快上的冲动。提示地方政府理性负债，帮助地方财政良性循环。三是便于中央政府监管部门的统一管理。通过信用评级，部分地方政府债由于融资成本过高，从监管的角度看可以通过市场限制这些政府债进入市场，从根本上杜绝地方政府负债的可能，但以行政的手段不可能完全杜绝这种非理性发债行为。从中央的监管来看，信用评级有利于统一监管口径，降低政府管理成本。四是起到保护金融投资者权益的作用。在金融市场，保护投资者权益是一项重要的内容，信用的风险提示是保护投资者权益的最有效的手段之一。美国在这方面的成功经验较丰富。如果科学合理地进行信用风险评级工作，可以在金融市场有效揭示风险，寻找合理和真实的市场价格，这就是保护投资者权益最好的方法，以风险评级为手段，可以依托市场完全发挥这个作用。

二、我国市政债信用评级的概念及违约识别

信用评级是指独立的评级机构对市场融资参与者的负债清偿能力做出的科学评价，其数量标准和质量标准一般以简单的符号直接表示。信用评级是对信用风险进行评价，不对其他风险进行评级。信用风险评级的意义是为投资者提供风险提示和帮助投资者寻找最佳市场收益价格以及帮助被评对象以合理价格融资。但是，信用风险评级是有局限性的，它只是评级机构给出的信用风险提示，不能代替投资者自身对风险的判断。

在金融市场中，信用风险是真实存在的。关于信用风险，目前新巴塞尔资本协议对其具体界定如下：

一是债务人已经确定无力履行其偿债义务（本金、利息或其他费用），导致借款人信贷资产产生损失，如发债人对所承担的债务自行注销、动用专项准备金、要求债务重组，已经发生现有的债务到期无法兑付或准备延期支付；二是债务人不能履行偿债的信用义务，未履行到期债务的清偿时间超过 3 个月；三是债务人向法院提出破产保护申请。

作为特殊负债人，与一般债务人相比，地方政府拥有多项特殊权力，其债务违约除一般违约情况外还有政府自身的特殊原因。穆迪等三大评级机构，将政府违约定义为其兑付到期债务失效，开始进行偿债谈判或重组。国际货币基金组织认为，对政府的紧急援助也属于违约。穆迪公司认为地方政府出现以下任何一种情况，就是违约：一是政府财政无力支付或者要求延期还本付息。二是因提出破产申请或出现法律接管，本金及利息无法继续支付。三是政府出现可能导致资产严重损失的问题：其一，地方政府发行新债券息票更低、期限更长；其二，要求改变合约支持政府清偿债务违约。笔者认为，根据我国的实际情况，我国地方政府负债违约也可以此作为参考标准。

第二节　我国地方政府财政收入支出构成

一、现阶段我国地方政府的收入结构

确定地方政府可支配收入及刚性支出范围，对风险评估是非常重要的。合理的分类是研究现阶段我国市政债券评级的基础。按不同的管理方式，地方政府财政收入包括预算收入、基金预算收入和社保基金预算收入三大类。其可支配收入可以用来清偿债务的收入，大致分为以下几类。

1. 政府财政预算收入

作为预算内财政性资金的政府一般性预算收入，包括预算内的税收、非税收、债务和转移性收入四个组成部分。

一是预算内税收收入。1994 年的中央财政分税制改革，将地方税收收入分为五个组成部分：所得税、个人所得税、营业税、增值税以及财政其他税收。以流转形式征收的增值税，目前占地方税收收入的 15% ~ 20%，征税对象为第二产业。作为地方政府最主要的税收来源——营业税的征收范围主要针对地方的第三产业，但商业银行总行、保险公司总部和铁路建设基金营业税归中央征收。营业税作为地方政府的预算内主要收入来源，占政府预算内税收总量的30%~40%。

预算内的企业所得税征收对象为国内生产经营企业。按照税法规定，个体企业与合伙制企业不用缴纳所得税。所得税包括50项，部分税收归中央，部分税收归地方。个人所得税面向国内居民及国外居民在国内的所得。由于我国财政部没有指定税收用途，地方政府可以自主支配及偿付债务。

二是政府有关部门收费收入。收费收入包括行政事业性收费、罚没收入、国有资产收费、占用国有资源收费、专项收入和其他收费等。由于中央未规定收费收入具体用途，地方政府可自由支配收费资金。

三是转移性收入。它是指上级政府对下级支付转移和拨付，包括返还、一般性转移和专项转移。返还性收入是对下级税收返还，包括增值税和消费税返还、所得税基数返还、成品油价格和税费改革税收返还。对于转移支付，上级政府不作用途规定，地方可自行安排。它包含27项内容，其中三项比重最大，即均衡性和民族地区及调整工资转移支付，占转移支付总额的50%。地方政府可支配收入中包括一般性转移支付。中央专项转移支付必须专款专用。它包括22项内容，涵盖所有财政支出科目，一般可以由地方政府综合使用。

四是债务收入。包括市政债发行筹资及向外国政府借款。债务收入本质是债务，需要还本付息，不能计入地方可支配收入。

2. 政府基金预算收入

政府基金是指地方为支持特定基础设施建设和公共事业服务，依法向单位和个人征收的专项财政资金，包括50多项。这部分基金收入必须专款专用，不计入政府可支配收入。但地方国有土地使用权出让收入也在政府性基金收入中，因性质不同，它不同于一般基金收入，地方政府可以自主支配。

3. 社保基金收入

社保基金收入包括居民基本养老保险、基本医疗保险、新农合医疗基金、生育保险基金、工伤保险基金、基本医疗保险基金、失业保险基金等收入。收入专款专用，不能用来偿债，不计入地方政府可支配收入。

我国地方政府财政收入包括：财政预算收入、基金预算收入和社保基金经营收入。其中，财政预算收入中的税收、非税收和转移性收入计入地方可支配收入。土地出让收入计入可支配收入。社保基金收入和政府基金收入的大部分不计入可支配收入。

二、现阶段我国地方政府的预算内支出结构

深入分析我国地方政府的支出结构，可以区别预算内支出的刚性和非刚性，分析政府预算内的支付能力和水平。预算内的刚性支出是政府财政必须保证的支出，不能做任何削减，不能用这部分资金偿还债务。除了刚性支出外其他资金可以用来偿付债务，共归为五大类22小类。具体如下：

1. 地方政府行政管理支出

地方政府行政管理支出包括五个支出组成部分：国防、行政管理、外交、武装警察部队和公检法支出。这些政府支出刚性程度最高，不能随意削减。

2. 地方政府事业单位支出

地方政府事业单位支出包括五个支出组成部分：教育事业、科学事业、卫生事业、文体广播事业和离退休经费支出。其属于刚性支出，不存在削减的可能。

3. 社保支出

社保支出主要有抚恤和福利救济。其支出绝对刚性，地方财政没有削减空间。

4. 地方政府投资性支出

对地方政府来讲，投资性支出不属于刚性支出。其在地方主要用于经济建设、提供公共品、优化资源配置。对地方政府来说，它包括10个子项：基建、挖潜改造、地质勘探、科技三项费用支出、农业林业支出、水利和气象支出、公交支出、城建支出等。属于非刚性支出。

5. 地方政府专项支出和其他支出

专项支出属于刚性的专款支出。因为这部分资金一般是由中央支付转移到地方政府，不能随意动用和改变用途。

三、现阶段地方政府信用评级中的特殊要素

我国政治制度与西方国家不同，决定了我国财政体制也不同于西方国家，对地方政府的信用风险评级我们可以借鉴西方国家信用评级方法中成熟的做法，但不能完全照搬西方经验。与西方国家特别是美国这样联邦制的国家不一样，在我国，中央将地方政府看作自己的派出机构，受中央委

托行使权力，中央政府的授权或者委托是地方政府履职的依据。我国中央财政对地方预算是软约束，其核心是中央在一定程度上对地方政府的负债提供信用担保，或者提供隐性信用承诺。所以，在对我国地方政府进行信用评级时，我们要特别关注上级政府是否对下级有担保或者有承诺，需要关注一些特殊因素。体制上决定我国地方政府对地方国有企业承担一定的救助责任，这是我国与西方国家在信用评级时存在的一个根本不同。评级时必须考虑地方财政负有救助义务的地方国有资产的质量对信用风险的影响。

1. 我国财政的隐性担保

国家政治制度一般分为联邦制和单一集权制。从制度上看，美国是最具代表性的联邦制国家，联邦制国家的地方政府在各方面特别是财政方面具有极大的自主权。与美国不同的是，我国为单一制国家，中央政府和地方政府属于领导和被领导关系，不存在独立性问题。我国的地方政府是中央政府的派出机构，履行下一级政府的派出职能。随着 1994 年我国财政体制分权的改革，财权上移到中央，事权下移到地方政府。地方政府"财权小、事权大"，财政支付出现风险时，中央对地方一般会提供救助，至少会提供隐性担保。特别是在"稳定压倒一切"的大环境下，中央曾多次对地方政府进行救助。从国家稳定的角度看，我国中央政府始终把地区经济的发展放到首位，不论是显性还是隐性都在为我国地方政府提供财政担保。改革开放以来，我国不同地域多次出现债务风险问题时，中央都帮助化解了。

2. 我国国有资产担保问题

我国地方政府对国有企业都给予一定的财政扶持，除了资金的支持外，还在土地、税收减免等方面给予支持，相对于以联邦制为主的政治体制国家，如美国在联邦制中政府上下级之间关系主要依靠法律和税收来维持，即联邦制政府为一般税收型政府，我国地方政府实质上是一个资产型政府。为了保证地方的稳定，地方政府对没有经济效益的国有企业进行扶持，预示着地方部分财政支出实质上是无效的。这种担保实质上增加了地方政府的风险。

中央政府的隐性担保和地方政府对国企的扶持难以量化到我国地方政府市政债的评级模型中去，但无论如何，这两个问题在实际评级中是必须考虑的重要因素。

第三节 我国市政债信用评级的原则与重点分析的因素

一、地方政府信用风险评级原则

第一，信用等级充分考察公共服务供给均衡性目标。确定地方政府信用风险评级要素，最重要的指标有：地方政府的财政收入与支出指标、负债率以及清偿债务的能力等，对这些重要的指标一定要重点量化。同时，国家宏观经济政策指标、地方政府治理水平、地方政府投融资模式等也必须纳入评级体系。地方债募集用途与募集规模都应遵循收支平衡、不过度负债原则以及防范风险的原则，其基础必须将公共服务供给均衡性放到首位。

第二，地方收益权与支出责任的匹配。我国地方债是分层次负债的，由于负债最终需要兑付本息，在确定风险评级时，应该将收益权与支出责任相对应和匹配，这也是评级的一个原则，均衡形式是资金使用高效率的一个重要保证。

第三，地方政府未来预算收入的预期必须重点考虑。考察政府未来预算收入，实质上是考察地方经济发展的潜力和中央对地方的支付转移的数量，也是对地区未来债务兑付的相互考察。信用评级的实质是对债务人违约可能性的评级。通过对地方政府未来收入预期的评价和考察，可以有效避免预期小于负债兑付的可能。预期考察应从两个方面入手：一方面必须以地方政府的预期税收收入为依据；另一方面是以公共产品供给支付转移之间的均衡为基准的预期。

第四，以地方负债率作为依据。中央承诺担保或者隐性担保是抵消违约风险的一个重要保证，还要关注中央是否对地方政府、对所辖区内国有工业企业给予财政资金支持，尽管作用是反向的，但影响是巨大的，如果仅仅考察负债率不分析隐性担保并无限制地投入低效的国有企业，将会模糊负债率和偿债能力。

第五，财政预算管理能力是信用评级重点考察的质量指标。地方政府财政预算管理能力直接影响负债及偿还问题，预算管理能力强的地方，对公共产品和服务供给就强一些，弱的地方提供基础设施建设的能力就差一些。管理水平和能力与地方政府预算管理水平的关系实质是筹集资金的能力和使用资金的能力。在评级过程中必须将地方政府财政预算管理能力作为评级的一个重要指标。

第六，地方政府投融资行为的规范性应该成为信用评级的质量指标。地方债是地方政府在金融市场融得的资金，这部分资金是要还本付息的，其投向必须得到保证，其公共性和财政性要求资金的使用必须符合公共资金使用投向，基建必须合规，投资效率必须高，风险必须小，因此规范性应该成为信用评级的一个重要的质量指标。

二、我国地方政府信用风险评级的重点要素

第一，经济增长模式改变引发的地方政府信用风险。进入 21 世纪以来，我国经济增长模式发生了重大改变，改革开放以来一直运行的资源驱动型的经济增长模式在向创新驱动型的模式转变。随之，中央实施了"三去一降一补"的供给侧结构性改革，对区域经济影响极大，部分地区短时间之内很难适应结构性改革的要求。供给侧结构性改革对地方政府信用风险的影响必会加大，信用评级一定会改变地方经济风向的环境。

第二，我国财政体制的进一步改革深化必将对地方政府信用产生重大影响。首先，随着我国经济社会改革的不断深入，会对我国财政基本制度产生重大影响。最直接的表现就是地方的事权一直在增加，但财权一直在减少。这迫使地方政府为完成经济增长模式转型，不得不承担更多的事权，这将会要求中央财政进一步放权或者分权。其次，为应对国际金融危机的后续影响，地方政府不得不加大地方基础设施建设的投资，对地方债的需求持续增加，需要关注后续偿债能力的压力。最后，我国中央财政划拨和支付转移方面还存在一定的模糊关系，如中央要求地方政府完成一些战略任务，但又没有给予相应的资金支持，地方政府不得不另谋他径寻找资金来源。部分地方政府通过工程服务承包等形式避开市政债额度的限制，这对负债增加了兑付风险。

第三，不同地区产业结构的差异是影响信用评级的重要因素。我国各省份之间产业结构差异较大，不同产业结构对宏观政策调控的反应是不同的。近年来，我国加大了对生态环境的保护力度，部分以煤炭为主业的地区受影响较大，在进行信用风险评级时必须考虑产业结构带来的制约因素。我国部分地区产业结构以重工业特别是钢铁行业为主，在国家"去产能"调控措施的制约下，这些地区政府发债的兑付能力受到较大影响。与西方国家不同，我国地区之间产业结构差距非常大，信用风险评级必须考虑产业结构的因素。

第四，不同地区地方政府的负债管理水平是信用风险评级必须考虑的因素。我国地域广阔，部分地区由于历史和现实的原因，各个地方政府之间的管理水平差距较大，地方政府资金运用和管理的能力差距也较大。在进行信用评级时，必须考虑不同地区因政府管理水平和能力不同导致的不同风险，这是我国政府管理中最具中国特色的部分。

第五，预算收入与预期差距较大引发的信用风险。当前，我国不同区域间地方基础设施建设出现较大的差距，有的地区建设水平较高，有的地区建设滞后。这既有经济条件不同的因素，也有先发展和后发展的区别，但更重要的是各地财政预算收入存在一定的差距。部分地区由于经济基础好未来预算收入可能更真实，有些基础较差地区未来预算收入实现可能与预测有一定差距。在信用风险评级中必须将未来预算收入的基础考察准确，防止虚增预算收入，到财政年度还本付息时无法实现。

第六，公众以及专业机构对地方政府的监管力度的影响。我国目前还没有建立居民对当地负债的监督机制，虽然地方人大对政府负债情况进行监管，但是由于多种因素，人大监管形同虚设。如果一个地区没有有效的第三方监管机制和专业的监管人员，很难保证监管的公正性和公开透明度，这是我国目前地方政府信用评级中存在的最大问题。

第七，地方政府的公共产品投融资模式的信用风险。近年来，我国地方政府投资广泛引入了 PPP 模式，这种融资模式的最大优势在于广泛动员社会民营资本进入地方市政建设。在一定程度上，政府可以少花钱多办事，加快地方市政建设。但是，这种融资模式最大的问题是地方政府要以让渡管理权作为代价，以放弃附属产品开发权和减免税收作为补偿。由于我国民营资本普遍管理水平不高、过度追逐利润，这将可能导致未来风险更大。对于这种新型融资模式的风险，在信用评级中必须充分考虑，否则，带来的风险是难以控制的。

三、从我国实际出发选取评估指标时必须考虑的重要因素

第一，经济发展水平是决定地方未来发展潜力的重要因素，也是评价地方信用风险的重要因素。地方负债一般要依靠经济收入的增长取得的税收来偿付，经济增长水平和发展规模应该是信用评级最应该关注的指标，但是与之密切相关的是不同地区不同的产业结构和资源优势，以及最终能转化的经济优势，这些优势都是地方政府偿债的基础。如果经济基础不好，发展不具备可持续的动力，信用风险将会增大。在评级时，应该关注到如

果一个地区过度依赖某一产业或行业，这是经济发展不平衡的表现。所以在进行信用风险评级时，除风险关注的指标 GDP、产业结构、经济增速、资源外，还应该关注产业集中度和行业集中度。

第二，财政收支潜力是信用风险评估的核心要素。清偿债务的主要来源是地方预算收入，未来地方政府财政收入的增长潜力决定其偿债能力。地方政府财政收入预期越好，违约偿债风险就越小。所以，评级必须重点分析地方财政预算收入增长的潜力、预算收入与支出比、未来专项基金收入占预算收入的比重、预算收入占财政总收入比重等指标，将以上指标作为风险评估的核心指标。

第三，未来清偿债务的能力是信用评级的关键要素。清偿债务的能力表明地方政府经济发展水平、专业管理能力、财政未来收入以及风险规避程度，未来债务的清偿能力和水平在一定程度上能决定地方政府的信用风险度。对这个指标的认识，美国的三大评级机构是一致的，对这一关键指标要从债务总量、结构、清偿的保障程度等不同角度分析。

第四，财政体制是重点分析的因素。国家对地方政府财政管理体制以及分权的程度和担保能力是评价风险的重要因素。在分权制管理体制下，财政预算有较大的融资空间和还款来源空间，如果中央政府对地方财政具有较大补贴能力和担保承诺，地方政府的风险就会小一些。在考察这个因素时，必须特别关注地方政府财政信息透明度、中央政府担保承诺、财政分权范围和空间等方面。

第四节　我国地方政府债信用风险评级的思路与方法

一、我国地方政府债信用评级的思路与方法

西方评级机构将地方政府是否出现过债务清偿违约作为一个重要考察指标。历史可能会重演，对风险进行定性和定量分析就是为了规避历史上违约的重现。关注历史数据是基础性的评级工作。评级的思路是在大量分析历史数据的基础上，对决定信用风险的有关数据进行定性和定量整理排序，然后再对各种排序的指标进行打分和设置权重，将不同权重的指标进行归纳处理，再根据分类和加权处理结果用数学和字母表示地方政府负债信用风险的高低。最后将评级后的结果提供给金融市场的投资者。这个评级是动态的，必须根据地方政府财政收支的变化及时调整。

二、我国地方政府信用风险评级指标体系的建立

地方政府债的实际用途以及最终偿还资金的基本投资项目在信用评级及指标体系中起着重要作用。如果按照实际投资项目进行划分，我们非常容易看出未来的还债能力和收益。如对城市公共服务等大型设施的投资，这些未来都是有可靠的现金流作保证的，但是有一些投资仅有社会效益而没有经济效益。对这些项目的风险考察要特别关注它们在总负债中所占的比重。由于政府是发债的主体，投资用途具有特殊性，并且部分投资项目是由中央政府提供担保的，使具体评级相比一般的评级更为复杂，与传统信用评级制度区别显著。

从我国对地方政府信用评级的实践看，我们以定性和定量的方法对关键指标进行了划分，这些指标基本上可以作为我国地方政府评级的初步根据，如表 5-1 所示。

表 5-1　我国地方政府信用风险评级指标体系

序号	信用评级一级指标	信用评级二级指标	信用评级三级指标（定量指标）	备注
1	宏观调控与影响	国家产业发展导向	央行金融宏观调控	
2			中央财政调控走势	
3	中央与地方的分权体制	中央与地方体制分权还是税收分权	中央与地方分税范围	
4		中央对地方转移支付数量与规模	中央转移支付制度持续性	
5	各地区经济质量和数量	地区间资源优势与行业优势	地区居民教育水平	
6			基建投入占地区 GDP 之比	
7		地区经济质量与数量	规划中的 GDP 增速与规模	
8			基建投资数量与质量	
9		地区产业优势及结构	各产业占 GDP 之比	
10		金融发展水平	地区存贷款规模与融通资金能力	
11			融通资金能力	

续表

序号	信用评级一级指标	信用评级二级指标	信用评级三级指标 （定量指标）	备注
12	地方政府财政预算管理能力	财政预算现状与未来收入情况	地方政府属级	
13		可以使用的投融资模式	多元化融资平台筹集资金能力	
14	地方政府预算与管理体制	地方财政收入，即可持续增长能力	可控预算税收收入，数量与质量	
15			转移支付可获得资金量	
16			专项基金筹资能力	
17		预算内财政支出	经常性支出占预算收入比	
18			基础建设投资占固定资产总投资比	
19	地方政府管理债务能力	地方政府无担保的显性债务	地方政府国债转贷，对外债务规模	非营利性项目占比
20			地方政府投融资平台规模和结构	
21			市政债总量与预期	
22		隐性债务以及隐性担保	社保欠账及缺口	
23			救灾预备金准备	
24		债务率及增速	债务依存度及增速	
25			债务负担率及增速	

三、我国地方政府信用风险评级多指标权重的设置

指标权重确定主要是用主观赋权法和客观赋权法。主观赋权法使用时主要依据评级人的主观判断和评估，根据判断评估结果暗中确定指标，主观赋权法常用的有直接判断法、Delphi 法、相邻指标比较法、层次分析法等；不依靠评级人主观评定，而采用统计相关性来确定被评级指标权重的方法被称为客观赋权法，包括主成分分析法、熵值法、多目标规划法等。先对两大方法中常用的几个具体评级法进行简单分析。

1. 信用分层次分级分析法

这一评级方法适用于地方政府信用评级中定性与定量指标都有的情况，

评级机构均采用层次分析法（Analytic Hierarchy Process，AHP）。采用层次分析法，可以处理其他方法中难以解决的定性与定量相粘合问题，解决一个评级主体中不同层级层次决策权重问题，其最大优势是将不同的评级人的评级观点以数量化综合表示，使评级更科学、更简捷，并契合地方政府的实际。特别是，该方法简单实用，可以针对不同的对象，尽快纳入评级工作。

2. 信用等级标准确定法

评级机构依据违约概率确定评级标准，并用设定的模型对相关指标数据进行处理，但实际操作中将多个指标进行模型计算存在一定难度，而且指标较少难以反映复杂的经济系统。目前，我国评级机构一般将量化指标与定性指标进行粘合处理，根据估算权重排序，依据排序结果，确定有关评级指标。按照权重将其分为三级指标：第一级核心指标，第二级核心指标，第三级核心指标。将已有的评级样本数据进行黏合度处理后进行权重分配，再将特征相似的变量归为一类根据核心指标进行聚类分析。

以上两种评级方法分层次分等级基本评级步骤如下：

第一步，将信用风险评级中的主要和重要问题选择出来作为核心指标列出，将相关指标按序排列，定性和定量相结合，建立分层分级系统矩阵模型。通过模型确定不同指标组、目标层和权重组。

第二步，通过指标体系划分为两个相关判断矩阵。在不同层次指标组之间进行相对重要性比较。一般采用九级分制标度法，如表 5-2 所示。

表 5-2　九级分制标度表

标度	表示两个因素对比的含义
1	表示两个因素中因素 A 与因素 B 重要性等量
3	表示两个因素中因素 A 略比因素 B 重要性大
5	表示两个因素中因素 A 明显比因素 B 更重要
7	表示两个因素中因素 A 比因素 B 极其重要
9	表示两个因素中绝对性相比因素 A 完全大过因素 B
2、4、6、8	对以上因素的评价居中间值
1~9 的倒数	因素 B 重要程度超过因素 A

第三步，对不同评级因素进行测算并对相对权重进行修正。常用的有行归一法。行归一法十分简单，首先，将矩阵中各行向量进行几何平均，再归一将得到的行向量作为权重向量。

第四步，进行风险评级一致性检验，对评级结果做数学逻辑判断。求出矩阵的最大特征根，代入下述公式：

$$CI = \frac{\lambda_{max} - n}{n - 1} \qquad (5-1)$$

其中，λ_{max} 为矩阵最大特征根，n 为评级矩阵阶数，测算得到的 CI 作为一致性指标。如果：

$$\frac{CI}{RI} \leq 0.1 \qquad (5-2)$$

应该认为矩阵具有较为满意的一致性结果，反之则需要进一步调整判断矩阵的因素值，其中 RI 作为修正值，代表矩阵阶数的函数，其对应值见表5-3。

表5-3　判断矩阵因素

矩阵阶数	1	2	3	4	5	6	7	8	9
RI	0.00	0.00	0.59	0.97	1.11	1.23	1.33	1.42	1.46

3. 信用评级模糊层次分析法

传统的层次分析法由于测算评级精度较差，不能按评级要求控制评级指标精度，难以准确地反映评级风险内涵。目前，评级中较多地使用模糊层次分析法（improved FAHP）。模糊层次分析法既可以达到判断矩阵一致性的目的，又能达到评级收敛速度及精度的要求，得到与风险度相符的排序向量。模糊层次分析法更加完善、有效、实用，符合评级人的思维逻辑，并且评级形式简单、准确，易建立风险矩阵而被专家接受。一致性矩阵在模糊条件下满足一致性条件，因此不用多次检验，可以减少迭代次数，提高评级速度，满足评估精度的要求，解决了多目标决策方法存在的问题。具体操作步骤如下：

第一步，用三标度法（见表5-4）建立互补型的模糊判断矩阵F，称为优先判断矩阵。

表5-4　三标度表

标度	两个不同性质因素比较的含义
0	表明 A 与 B 两个因素比较中 A 重要性更差
0.5	两个评级因素中 A 和 B 重要性相似
1	评级因素 A 与因素 B 相比，A 更重要

第二步，求和 r_i，然后用 $r_{ij} = \dfrac{r_i - r_j}{2n} + 0.5$ 将模糊判断矩阵改造成模糊一致判断矩阵 R。

第三步，以行归一法或者方根法求得排序向量 W。

第四步，用转换公式 $e_{ij} = \dfrac{r_{ij}}{r_{ji}}$ 将模糊一致判断矩阵 R 变为互反矩阵 E。

第五步，将排序 W 为特征值的迭代初始值 V_0，利用迭代公式 EV_k 求特征向量，并求其无穷范数 $\|V_k + 1\|_\infty$。

第六步，以 $V_k = \dfrac{V_k + 1}{\|V_k + 1\|_\infty}$ 作为新初始值，进行迭代，直至 $\|V_k + 1\|_\infty - \|V_k\|_\infty < \epsilon$，停止迭代。将矩阵归一化处理后，所得向量即为权重向量。

4. 我国信用评级标准的设置

确定地方政府信用评价指标权重，需要用一些方法。一般根据评价指标体系的一般性和特殊性要求，指标体系和单个指标风险权重的确定要符合评级准则要求，国内评级机构一般用打分卡等级分为五级的打分卡模型，具体表示为：极为重要（5分）、一般重要（4分）、一般性（3分）、不十分重要（2分）、完全不重要（1分）。

四、关于指标的统计口径确定

第一，关于财政收支的统计口径。我国的财政预算制度是"一级政府一级预算"，统计口径分为本级与全口径（本级加下级）两种。我国现行的财政管理体制决定，上级政府可以调配和调节下级政府财政收入，全口径数据比本级口径更能准确地反映地方政府财政收支的情况。

第二，关于财政收支定性指标的确定。政治性和政治影响力是评级中两个最重要的定性指标。我国老少边穷地区一直是国家最为关心的地区，从安定团结的角度看，这些地区政治的重要性相对较强。另外，如果省一级政府班子里有中央委员，政治影响力就会大一些。

第三，刚性支出的统计口径。评级时，狭义口径主要考虑政府公共预算中的公共服务、教育、医疗、社保和就业四项支出之和；广义口径为一般公共服务、外交、国防、公共安全、教育、科学技术、文化体育与传媒、社保和就业、医疗和环保支出之和。

第五节　我国地方政府债券信用评级模型分析

一、地方政府负债率警戒线修正的确定

如果地方政府通过发行债务的方式融通地方基础建设与公共服务设施建设资金，以 ABC 代表地方政府的预算赤字额，$ABC=G-TND$ 表示地方新增负债量，N 表示年末到期负债额，D 表示即期清偿债务金额，其关系为：

$$Dr = Dr-1 + ABCr \qquad (5-3)$$

$$ABCr = NDr - IDr \qquad (5-4)$$

Y 表示当地 GDP 总额，Ψ 代表 Y 的增速，公式为

$$\psi_T = Y_T + \mu_T \qquad (5-5)$$

公式中的 Y 表示经济增速，μ 表示通胀率。

对两组公式合并，即

$$\frac{D_T}{Y_T} = \frac{D_{T-1}}{Y_T} + \frac{DEF_T}{Y_T} \qquad (5-6)$$

并进一步地调整为

$$\frac{D_T}{Y_T} - \frac{D_{T-1}}{Y_{T-1}(1+\psi_T)} = \frac{DEF_T}{Y_T} \qquad (5-7)$$

再次调整，得出

$$d_T - \frac{d_{T-1}}{1+\psi_T} = defr \qquad (5-8)$$

通过公式计算，可确定资金缺口率及政府债券负担率之间的关系，具体公式为

$$defr = \frac{Y_T + \mu_T}{1 + Y_T + \mu_T} d_T \qquad (5-9)$$

对分析模型的设定，可以确定地方政府财政赤字以及负债率之间的关系，信用评级应该重视负债率的警戒线，保证地方债的安全性。

二、地方政府偿债能力模型建立

科学准确地设计地方政府清偿债务风险模型，对确定地方债的安全界限及风险评级作用重大。

在地方债的发行基期，有 $B_0 = x y_0$，B_0 为财政赤字，同时也表示地方政府的实际负债数量和余额。负债比例用 x 表示，y_0 表示基期的 GDP。如果将 r 代表一年期的国债票面利率水平，y 表示 GDP 增速。风险模型中可确定第 n 年的负债余额为：

$$B_0(1+y)^{n-1}(1+r) + B_0(1+y)^n + \cdots + B_0(1+y)^{n-1}(1+r) + B_0(1+y)^n ①$$
$$(5-10)$$

因此，第 n 年的地方债的余额为

$$B_0 = \frac{0}{n}B_0(1+r)^n + \frac{1}{n}B_0(1+y)(1+r)^n - 1 + \cdots + \frac{n-1}{n}B_0(1+y)^{n-1}$$

$$(1+r) + \frac{n}{n}B_0(1+y)^n \qquad (5-11)$$

即表示地方债发债时间越短、发行越快，还本付息额越少。

将 $p = 1+y$、$q = 1+r$ 代入实际的发债中可以得到

$$B_n = \frac{B_0}{n}\sum_{i=0}^{n} i p^i q^{n-i} \qquad (5-12)$$

简化将其转化为

$$\sum_{i=0}^{n} i p^i q^{n-i} \qquad (5-13)$$

通过实际的转化可以推导为

$$\frac{p}{q}\sum = \sum_{i=0}^{n} i p^{i+1} q^{n-i-1} \qquad (5-14)$$

进行实际的计算得出 n 年的地方债负担率

$$b_n = \frac{B_n}{Y_n} = \frac{x}{n}\left(\frac{np}{p-q} \frac{1}{\left(\frac{p}{q}-1\right)\left(1-\frac{q}{p}\right)}\right) \qquad (5-15)$$

所以，

$$\lim_{n\to\infty} b_n = \frac{px}{p-q} = \frac{x(1+y)}{y-r} \qquad (5-16)$$

在实际的发债中，根据式（5-16）测算的地方政府负债率应保持在 3% 左右，超出这个水平，地方政府偿债风险就会增大。

---

① 注：负债还本付息包含在发行期中。

三、市政债信用期权风险模型

将期权引入信用风险的评估，本质上是地方政府将税收权进行转移，目的不是期权的转移，而是市政债到期还本付息。如到期财政预算收入小于到期实际用来清偿债务的税收，对政府来说，就会出现违约风险。期权思想与理论认为，政府发债就是一种期权行为，因为政府将税收权提前让渡了出去。可在税收权让渡的思想下建立风险信用的模型。

假设地方政府预算收入服从以下随机过程：

$$At = f(Zi) \tag{5-17}$$

其中，At 为 t 时刻地方预算收入，Zi 为随机变量，f 为某一个特定的函数。

当市政债到期时的到期值为 T，如果预算收入资不抵债，违约风险就出现了，地方政府违约表示为 $AT<BT$，违约的概率用 P 表示，则

$$p = P[AT < BT] = P[f(Zr) < Br] = P[Zr < f-1(Br)] \tag{5-18}$$

如果 $Zr \sim N(0, 1)$ 即为标准的正态分布，该方程可以变为

$$p = P[Zr < f-1(Br)] = N[f-1(Br)] \tag{5-19}$$

定义 $DD = -f-1(Br)$，称 DD 为违约距离（Default Distance），可得到

$$p = N(-DD) \tag{5-20}$$

假设成立，应该符合以下实际过程：

$$dAt = \mu At \cdot dt \cdot \alpha \cdot Adz \tag{5-21}$$

其中，α 为地方预算收入的波动率；μ 为地方预算瞬时增长率；Adz 是标准的几何布朗运动。其距离以及违约率分别为

$$DD = \frac{\ln(\frac{A}{B_r}) + \left(\mu T - \frac{1}{2}\sigma^2 T\right)}{\sigma \sqrt{T}} \tag{5-22}$$

$$p = N\left[\frac{\ln B_T - \ln A - \mu T + \frac{1}{2}\sigma^2 T}{\sigma \sqrt{T}}\right] \tag{5-23}$$

在发债过程中，为了防止出现违约或财政收入少于其预计负债资产偿还数额，地方政府必须有一定的担保，或者中央政府给予约定隐性保证，减少不还本付息的不确定因素，消除市场恐慌。因此，在上述模型中，财政收入需要乘以担保比例。

第六节　我国市政债评级模型的建立

一般情况下，信用风险评估使用的信用分析法都是基于定性的方法来进行的，最主要的有 5C 分类、评估评级、评分评估等方法。进入 21 世纪以来，评估信用风险的模型则是基于定量的方法进行信用评估的，其中最具有代表性的有三种：一是围绕违约风险来建模，如由 JP 摩根开发的 Credit-Metrics 数量评级模型方式；二是围绕评估主体的价格进行建模，如由 KMV 公司开发的 KMV 信用风险分析模型；三是由麦肯锡公司开发的 Credit Portfolio View 模型。本节重点研究 KMV 信用风险模型评级方式，研究其构成和用途。

一、有关信用风险评估模型的发展

1. KMV 模型的发展和起源

信用风险评价模型主要是考虑资产的违约率、违约损失等。20 世纪 90 年代后期，美国以 JP 摩根财团为代表的几家大型国际银行，通过多年实践和共同研究，将全球首个评估信用风险的量化度量模型（Credit-Monitor Model，译为"信用计量"）推向世界。其模型以市场风险的 Risk-metrics（译为"风险计量"，1994 年推出）为基础，根据资产组合理论、VaR（Value at Risk）理论等，用来识别信贷、债券等信用工具的信用风险，并逐步用于互换等金融衍生工具的风险分析，目前广泛地被用于市场经济较发达国家的大型金融机构信贷风险评估。其基本流程如图 5-1 所示。

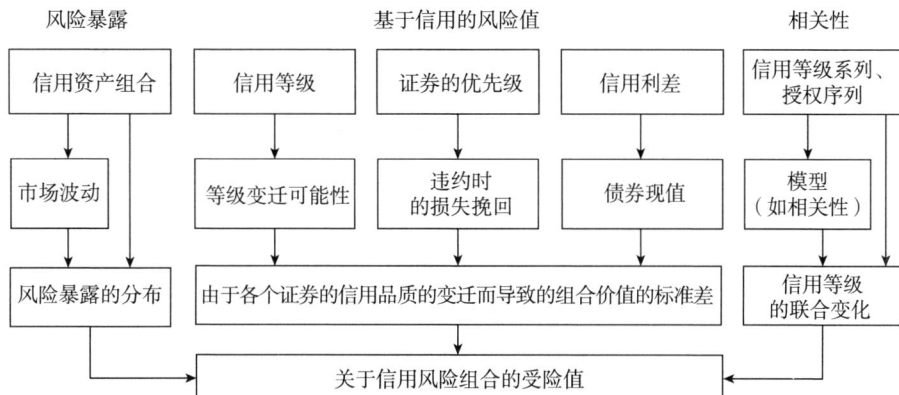

图 5-1　Credit Metrics 基本流程图解

2. KMV 模型的概念及含义

在 KMV 模型中引入期权定价理论，通过期权定价理论对债券和贷款等非交易性信用资产进行判断和评级。通过引入期权定价的理论，对企业的股市价值进行预测，分析企业资产价值与资产收益波动幅度以及相关性，并以此推算评估出企业违约的概率。该模型在对企业风险评估测算的背景下，通过测算违约度来测算评估信用风险，通过期权定价目标方法的改进评估风险程度与概率，并在收集上市企业相关数据的基础上，建立一个庞大的信用风险数据库。KMV 模型运用期权思想，立足借款人评估债务偿还风险，将企业负债无负担当作期权来看，也就是当作将来可以实现的资产价值的索取权（期权）。企业设负债在账面的表现价值为 F，到偿债日期末其资产的市场评估价值为 A。若 A > F，表示企业清偿贷款不存在违约风险，企业股东权益价值为 A−F，反映出被评级对象在金融市场资产价值上呈现的发展趋势，被评级独享持股股东权益的价值也呈现同样的发展趋势；若 A≤F，表示企业无法清偿贷款，发生违约问题。基于期权思想，该模型认为所谓企业发行的债券，就等于该企业提前出售自己的债券索取权或期权。只要能够准确地确定发债企业合约的违约时点，测算出发债企业资产价值的估算方差，就可以使用期权定价的 KMV 评估模型来评估某企业的违约率，评估发债人的信用等级。总体来看，KMV 模型考虑问题和评级的思路是：被评级人所拥有的资产价值在未来的股价趋势，不论是变大或者变小，都会对信用评级产生根本影响；对被评估人进行风险评估时，建立一个可以较为准确反映被评级人资产价值变动趋势的模型至关重要；这个反映其变化趋势和程度的评估模型基本可以测算出违约率发生的概率。KMV 模型认为，宏观经济可以在很大程度上决定违约概率及转移概率，违约概率与经济周期呈正向变动。不同经济运行周期下发债人所面对的信用周期一般与经济周期相吻合，通过确定的信用风险评级模型建立概率矩阵可以测算出相关行业不同信用等级兑付到期的债券违约概率。

20 世纪初，美国人约翰·穆迪第一次在使用评级方法的基础上对多种铁路债券进行风险评估分析，开创了全球信用风险评估的先河。经过 100 多年的发展，信用风险评级在多次经济危机中发挥了巨大的作用，被全球多数国家认可，这种信用风险评级的思想和方法以及制度模式被世界所有市场经济国家所接受。进入 20 世纪 50 年代以来，对地方政府的信用风险评级成为一个主要方向。地方债由于发债主体、债项用途特殊性，通过对地方政府信用风险的评估，分析和判断一个国家或地区宏观经济、区域经济发展、产业经济与财政体制等方面的发展状况，来判断国家或地区未来信用风险程度和违约的可能性。地方政府市政债发行复杂程度远远超过企业债，因为相对于一般企业，地方政府财政收入预期模型极为复杂。所以，地方政府的信用风险评级的难度远远超过一般企业或经济体的信用评级。

发债人的信用风险是指金融市场中交易的双方中任何一方，不能履行清偿债务承诺或者购买债券承诺导致另一方无法履行原定职能的可能。如果在交易中双方都不存在道德风险，那么可能出现的信用风险主要是由于发债人未来预期的收入出现不可把握性，到期债务人现金流不能偿付到期债务，在金融市场交易中出现交易方违反约定的可能。对发债人的信用风险评估针对的就是违约可能性，通过定量分析与定性分析相结合的方法，采用固定模型进行测算和度量，通过披露风险为市场投资者规避风险和决策提供帮助。

KMV模型的优势主要体现在以下两个方面：一是模型具有动态性，即对于由债务人信用风险变化引起资产组合价值发生的变动风险进行数量分析。二是模型分析结果自身具有一定的预测性或者预计发展方向，其中债务人清偿资金不足的预见、债务人信用的升降预见，既可以前瞻性地评估债务人未来不能清偿债务带来的损失，又能分析VaR变化程度和未来走势。模型的这两个优点对银行机构特别重要。但KMV模型的缺点也极为突出：一是使用这个模型时，评估人的经验和判别极为关键，数据收集有一定难度，因为负债人的违约信息难以获取。二是根据已经发生的数据进行评级，预见性较差。这个模型特别注重依靠历史财务数据进行风险评估，是一种历史性的评级方法。如果从我国地方政府债的信用评级看，这种方法具有一定的局限性和不实用性。

信用风险评价模型的出发点都是偿债的违约率，出现的问题为现金流问题或者资不抵债、违约率等。西方国家使用较为普遍的评价模型还有穆迪风险评价模型、Credit Risk+风险评价模型等。穆迪风险评价模型是通过综合风险指标体系矩阵的建立来推算被评级人的信用等级变化的概率，根据概率来测算被评估人未来的违约率，测算出该债务工具在金融市场的风险等级与其市场评估价值，对违约概率的最终确定依据信用风险度的变化。这个模型存在的问题是主观上假定个体的风险与整个市场风险相分离，是一个完全独立的风险，这在现实市场中是不可能存在的，在市场风险急剧变化的情况下其现实的违约率与其历史违约率是不可能相等的。

Credit Risk+模型将违约率当作一个离散型分布，试图通过对单项债务违约损失的分布，测算负债人总的违约概率。由于风险是随时变化的，被评估人的风险也是不断变化的，该评估模型没有关注被评估人的信用变化，评级结果有时候与实际相去甚远。

二、我国使用 KMV 模型测算地方政府债券风险的考虑

1. 采用 KMV 模型测算的有关出发点

KMV 模型思想是一种基于期权变化的思想，在我国地方政府信用风险评级中采用这个模型的主要成因如下：

第一，与其他信用风险模型相比，KMV 风险模型是唯一一个可以对单个资产风险进行测度，还可以将单个风险从风险组合中剥离的模型。相比之下，其他信用风险分析模型，一般仅仅针对组合信用风险进行测度，不能对个体的风险进行测度。第二，在使用 KMV 模型以外的模型进行风险评估时，需要采用众多历史数据，特别是违约记录和数据。而 KMV 模型在进行信用风险评估时，可以规避一般模型需要采用违约数据的要求，它可以通过对单个个体的资产价值正态分布的假定，计算其违约概率。这对于我国这样市政债发行极多的国家较为实用。第三，考虑到部分历史数据的连贯性不强或者统计口径变化较大，我国对地方政府市政债的信用风险评估仅涉及违约概率及发债规模，所以，KMV 信用风险评级模型比较适合我国地方政府发债的信用评级。第四，可以充分考虑和规避 KMV 模型在信用风险评级中的局限性：首先，同等级信用评级类中的主体都被归纳为相同的违约率，这个与现实有偏差，但可以通过对经济发展水平大致相似的地区进行统一归类后再评级；其次，实际违约率直接参考历史平均违约率问题，由于我国地方政府历史上没有发行过市政债，因此可以通过忽略此问题，将不作为主要考虑的变量。

2. KMV 模型应用到信用风险评级已较为成熟

国外评级机构已经广泛使用 KMV 模型对政府信用进行评级工作，并取得较为成熟的经验。自 2008 年以来，我国为应对国际金融危机负面影响、保持经济平稳发展，通过地方融资平台大量发行城投债和项目债，其中部分地区因各种原因出现了多种违约风险。我国相关机构和学者对融资平台引发的信用风险进行了深入研究，总结了相应的经验和教训，对地方项目债和城投债的违约风险的评估已经较为成熟。比如，韩立岩（2005）等利用 KMV 模型评估城投债风险，并建立相关评估模型。茹涛（2007）利用 KMV 模型首次评估上海地方债信用违约概率。李俊文（2012）使用指数平

滑法预测四川省财政预算收入，以 KMV 模型估算四川地区城投债合理的区间及规模。张子荣曾使用定性和定量的模型以及方法尝试编制中国地方政府资产负债表，并将债务风险指标引入 KMV 模型，对地方债的系统性风险进行分析。一些学者着手改进和修正 KMV 模型，其中，李江波将风险评估中的不确定性引入 KMV 模型，测算政府违约的概率及范围。还有研究人员根据中国财政体制的现状和特性，研究得出中央与地方在财政预算体制的关系方面存在隐性担保和显性担保关系的结论，地方财政预算中应该加入支付转移因素也就是债务可转移性因素，并将这一因素引入 KMV 模型，对 KMV 模型进行修正。

但总体来看，目前我国学者对 KMV 模型风险违约的研究及将 KMV 模型引入对地方政府债务风险评估的研究主要集中在定性方面，对定量的研究还比较少。特别是在引入 KMV 模型评价地方政府债务风险时，偏重于对个别地方政府债务风险违约概率的测算，还没有学者对所有地区的政府债务违约率及分限度进行总体和系统评估；与此同时，在数据的统计口径上，大多使用地方政府城投债代替地方政府债务总体规模，由于城投债和地方债性质不完全相同，风险和违约的估算不一样，因此还存在定性方面的缺陷，这样取样会严重混淆地方政府债务的性质，测算的结果是不科学的。另外，在确定地方财政收入可支配比例时，研究人员将所有地方政府假设为相同的比例，但其实上我国地区之间经济发展差距极大，不同的省份经济规模、财政实力、偿债能力存在天壤之别，在财政预算收入中，可支配比例相差极大。不解决这些问题，很难科学地评估我国地方政府信用风险及债务违约率。

3. KMV 信用风险模型的建立

KMV 信用风险评估模型起先用于计算负债企业债务到期不能兑付的可能性，2010 年以来，随着地方政府融资平台和项目债务规模急剧增加，地方政府债务问题异常突出，从我国的国情出发，KMV 模型可以有效研究地方政府债务风险问题。通过 KMV 模型对地方债风险进行评估，只需要将 KMV 模型中负债人资产可兑付率及违约概率替换成地方政府的财政收入预算，需要将 KMV 模型中资产项目替换成地方政府救灾专款，企业资产收益率替换为地方财政收入增长率的均值，需要偿还的到期债务替换为地方政府到期偿还债务总量，将负债人的负债波动性替换为地方财政预算收入的波动性。

（1）KMV 基本模型

如果假定可支配的地方政府财政预算收入服从对数正态分布，可得到以下公式：

$$DD = \frac{\ln\dfrac{R_T}{B_T} + \left(g - \dfrac{1}{2}\sigma^2\right)(T-t)}{\sigma\sqrt{T-t}} \qquad (5-24)$$

$$p = N(-DD) = N\left(-\frac{\ln\dfrac{R_T}{B_T} + \left(g - \dfrac{1}{2}\sigma^2\right)(T-t)}{\sigma\sqrt{T-t}}\right) \qquad (5-25)$$

$$\sigma = \sqrt{\frac{1}{n-2}\sum_{t=1}^{n-1}\left(\ln\frac{R_{t+1}}{R_t} - \frac{1}{n-1}\sum_{t=1}^{n-1}\ln\frac{R_{t+1}}{R_t}\right)^2} \qquad (5-26)$$

$$g = \frac{1}{n-1}\sum_{t=1}^{n-1}\ln\frac{R_{t+1}}{R_t} + \frac{1}{2}\sigma^2 \qquad (5-27)$$

以上公式中，DD 表示违约的时间期限距离；$p = N$（$-DD$）表示债务预期违约率；R_T 是 T 随时可动用支配的地方财政收入（可用于清偿到期地方债务的财政收入）；B_T 是 T 时刻地方政府需要清偿的本息之和；σ 代表地方财政收入的波动率；g 是地方财政收入增长率的平均值；t 为当前时刻即 $t = 0$ 时；T 为地方债务到期时间。

（2）面板数据的评估模型

一般情况下，面板数据模型常用的有三种，分别是：

变系数模型

$$y_{it} = \alpha_i + \beta_{1i}x_{1it} + \beta_{2i}x_{2it} + \cdots + \beta_{ki}x_{kit} + \mu_{it} \qquad (5-28)$$

其中，$i = 1, 2, \cdots, N$；$t = 1, 2, \cdots, T$。

变截距模型

$$y_{it} = \alpha_i + \beta_1 x_{1it} + \beta_2 x_{2it} + \cdots + \beta_k x_{kit} + \mu_{it} \qquad (5-29)$$

其中，$i = 1, 2, \cdots, N$；$t = 1, 2, \cdots, T$。

混合回归模型

$$y_{it} = \alpha + \beta_1 x_{1it} + \beta_2 x_{2it} + \cdots + \beta_k x_{kit} + \mu_{it} \qquad (5-30)$$

其中，$i = 1, 2, \cdots, N$；$t = 1, 2, \cdots, T$。

以上公式中，N 是截面成员个数，T 是每个截面成员的样本观测时期数，k 是非常数项解释变量的个数。

令 S_1、S_2、S_3 分别是式（5-28）、式（5-29）、式（5-30）的残差平方和。为保证样本数据与相对应的模型一致，一般用两个假设检验来对相对应的模型形式进行识别。

H_0：模型中的解释变量系数对于所有截面成员是相同的，而截距项则不同，这类模型为变截距模型式（5-29）；

H_1：模型中的解释变量系数和截距项对于所有截面成员都是相同的，这类模型为混合回归模型式（5-30）。

通过构造 F 统计量 F_1 和 F_2 来检验 H_0、H_1 显著性。在原假设 H_0、H_1 成立的条件下，检验统计量 F_1、F_2 分别服从特定自由度的 F 分布。

$$F_1 = \frac{(S_2 - S_1)/[(N-1)k]}{S_1/[NT - N(k+1)]} \sim F[(N-1)k, NT - N(k+1)]$$

$$(5-31)$$

$$F_2 = \frac{(S_3 - S_1)/[(N-1)(k+1)]}{S_1/[NT - N(k+1)]} \sim F[(N-1)(k+1), NT - N(k+1)]$$

$$(5-32)$$

进行检验的过程中，先检验原假设 H_1，如果统计量 F_2 小于某个显著性水平（比如 5%）下 F 分布的临界值，则不能拒绝 H_1，此时不必再检验 H_0，表明样本数据对应的模型为式（5-30）混合回归模型，否则拒绝 H_1，并继续检验原假设 H_0。若统计量 F_1 小于某个显著性水平下 F 分布的临界值，则不能拒绝 H_0，表明样本数据对应的模型为式（5-29）变截距模型，否则，拒绝 H_0，表明样本数据对应的模型为式（5-28）变系数模型。

依据模型对个体影响的处理方式，变系数模型和变截距模型又被分为随机效应模型和固定效应模型，可以通过 Hausman 检验确定采用哪种模型。

（3）关于样本数据选取

选取地方财政收入所公布的公开数据，是因为地方政府的财政收入主要来源于当地的税收收入。1994 年分税体制改革后，从统计口径和统计方法看，地方政府的财政收入与以往统计明显不同。1994 年分税制改革前，中央很少从地方集中财税收入，因此，没有持续的历史统计数据。

在数据统计方面，2015 年之前的地方财政收入数据以及地区生产总值数据一定要来源于各省份统计年鉴，2015 年之后的数据则来源于各省份的财政收入预算和支出预算报表。国家年度 GDP 数据来源于各个年度不同省份的经济与社会发展统计公报。有关地方债务、房地产价格、土地收入等统计数据首先来源于广东省财政厅和审计厅，其次来源于各地方政府公布的各地政府性债务检查审计结果、各地方政府统计局发行的相关年份的统计年鉴，以及在各地方政府统计信息网上公布的统计公报，相关地方政府债务数据则来源于各省份公布的《政府性债务审计结果》。

一般回归前要检查面板数据是否存在单位根。因为只有通过检验单位根来判断数据的平稳性，才能够有效避免出现伪回归或虚假回归，保证整个模型的有效性。首先对因变量即政府的财务收入数据进行单位根检验，对政府收入和 GDP 数据都经过对数平整处理，使用 Eviews 软件对政府收入数据的单位根检验，其具体结果如表 5-5 所示。

表 5-5 2002—2015 年政府收入数据的单位根检验分析

方法	Statistic	Prob. **	sections	Obs
Null：Unit root（assumes common unit root process）				
Levin, Lin & Chu t *	-8.83734	0.0000	30	380
Note：Exogenous variables：Individual effects				
Automatic selection of maximum lags				
Automatic lag length selection based on SIC：0 to 2				

其统计量为-8.83734，原假设成立的概率为 0.0000，原假设未存在单位根。根据统计结果不存在单位根，因此政府收入数据是平稳的，不存在伪回归，可以进一步进行分析。

进一步对面板模型选择进行分析，通过构造 F 统计量，用式（5-31）、式（5-32）来验证以下假设：

H_0：模型中的解释变量系数对于所有截面成员都是相同的，而截距项则不同，这类模型为变截距模型式（5-29）；

H_1：模型中的解释变量系数和截距项对于所有截面成员都是相同的，这类模型为混合回归模型式（5-30）。

表5-6、表5-7 和表5-8 分别显示了变系数、变截距及混合模型的分析结果。

表 5-6 变系数模型分析结果

R-squared	0.997626	Mean dependent var	2.801020
Adjusted R-squared	0.997237	S. D. dependent var	0.562750
S. E. of regression	0.029583	Akaike info criterion	-4.071699
Sum squared resid	0.285548	Schwarz criterion	-3.489836
Log likelihood	945.5588	Hannan-Quinn criter.	-3.842025
F-statistic	2562.626	Durbin-Watson stat	0.978027
Prob（F-statistic）	0.000000		

表 5-7 变截距模型分析结果

R-squared	0.995249	Mean dependent var	2.801020
Adjusted R-squared	0.994883	S. D. dependent var	0.562750
S. E. of regression	0.040255	Akaike info criterion	-3.516281
Sum squared resid	1.451434	Schwarz criterion	-3.215965
Log likelihood	795.0331	Hannan-Quinn criter.	-3.397740
F-statistic	2716.721	Durbin-Watson stat	0.513943
Prob (F-statistic)	0.000000		

表 5-8 混合模型分析结果

R-squared	0.948165	Mean dependent var	2.801020
Adjusted R-squared	0.948045	S. D. dependent var	0.562750
S. E. of regression	0.128271	Akaike info criterion	-1.264750
Sum squared resid	52.107858	Schwarz criterion	-1.245980
Log likelihood	276.4508	Hannan-Quinn criter.	-1.257341
F-statistic	7902.204	Durbin-Watson stat	0.055766
Prob (F-statistic)	0.000000		

三个模型的 Sum Squared resid 就是式（5-31）、式（5-32）中的 S_1、S_2、S_3。所以，$S_1 = 0.285$，$S_2 = 1.451$，$S_3 = 52.108$，将以上数据代入式（5-31）、式（5-32）中对 H_0、H_1 进行判断，计算 F_1，F_2。在实际检验过程中，先检验原假设 H_1，如果统计量 F_2 小于某个显著性水平（比如5%）下 F 分布的临界值，则不能拒绝 H_1，此时不必再检验 H_0，表明样本数据对应的模型为式（5-30）混合回归模型，否则拒绝 H_1，并继续检验原假设 H_0。若统计量 F_1 小于某个显著性水平下 F 分布的临界值，则不能拒绝 H_0，表明样本数据对应的模型为式（5-29）变截距模型，否则，拒绝 H_0，表明样本数据对应的模型为式（5-28）变系数模型。

$$F_2 = (S_3 - S_1)/S_1 \times (31-2)/(31 \times (14-2)) = 29.8 > F0.05(29,384) = 1.45,拒绝 H_1,需要进一步判断 H_0 假设。$$

$$F_1 = (S_2 - S_1)/S_1 \times (31-1)/(31 \times 14-1) = 2.49 > F0.05(30,433) = 1.43,故拒绝 H_0,选择变截距模型。$$

由于拒绝了 H_0，因此模型选择变系数模型。接下来要在个体固定效应模型和个体随机效应模型中进行选择，这两类模型的选择可以通过 Hausman

统计量检验。其结果如表 5-9 所示：

表 5-9　截面随机效应检验分析

Test Summary	Chi-Sq. Statistic	Chi-Sq. d. f.	Prob.
Cross-section random	56.735910	1	0.0000

拒绝原假设，即不是个体随机效应模型，应该选择变系数个体固定效应模型。对应不同省份的变系数数据，其个体固定效应模型选择的 β 为 1.327。

第六章　广东省地方债务信用风险评级的实证检验

本章主要在引入 KMV 模型的基础上，对这一模型进行一定程度的修正，并且在修正的基础上，通过对广东全省地方政府信用风险进行评级，对政府市政债的发行余额进行评估。另外，笔者针对财政部就上海市作为试点进行资产负债表统计工作这一信号，认为财政部在为盘活地方政府存量资产以提高地方政府债务信用做准备。本章就结合目前我国财政体制改革发展的新趋势，在模型中加入了关于房地产价格的波动的变量，研究其对地方政府债务风险的影响，同时还提出了地方政府土地交易的参与度与地方政府债务违约风险影响的假设，为今后模型变量的改进提出了设想。通过这部分研究发现，广东省目前在市政债评级中存在技术问题和制度问题，本章力图为广东省政府今后发行市政债、减少风险、提高信用度进行路径研究。

第一节　KMV 模型的修正

一、关于对 KMV 模型的修正

针对我国学者在使用 KMV 模型进行政府信用评级研究中主要存在的问题，力图在以下两个方面对模型的使用进行改进：一是本书将根据 2014 年国家审计部门对外公布的政府负债审计结果，对风险度进行测试，明确广东省各地方政府 2014—2016 年应清偿的到期债务，将 KMV 信用风险模型的评估对象由省政府地方债扩大到全省地方应付债务总规模；二是力图将广东财政预算收入中政府可以支配的部分与省政府及各地区地方政府评级联系起来，为省政府及全省各地区信用风险评级确定不同比重。

二、广东省有关数据的选择与统计口径的确定

本书选取广东省作为实证检验标的，主要有以下原因：第一，广东省整体的债务风险指标在全国都是比较低的，拿这个数据作为分析标的具有一定代表性。第二，广东省作为债务风险比较低的省份，但在省内不同地区也存在很大的差异，具有很强的研究性。第三，广东省的数据研究结果对于研究我国债务风险具有一定的延展性。

本书中模型所用数据均来自广东省财政厅提交至省人大审议通过的2015年《政府性债务审计结果》以及广东省财政厅网站公布的《广东省2016年预算执行情况和2017年预算草案（附件二）》。

第二节　对广东全省及各地市信用风险违约度的实证检验

为准确判断广东省市政债风险及违约度，首先要评估广东省的经济实力。事实上，2015年广东省GDP为7.28万亿元，2016年更是达到7.95万亿元，接近欧洲发达国家西班牙的发展水平，广东省在2016年取得了9.2%的GDP增速，超过了我国6.7%的平均水平。与之相对应的是，2015年广东省财政收入为9465亿元，2016年更是达到了1.04万亿元，增速为10.9%，超过4.5%的全国水平。广东省GDP与财政收入两项数据已经连续28年排名中国省级政府第一，显示了该省强劲的经济实力。

债务方面，中国《预算法》规定，广东省政府要在批准的限额内举借和偿还债务。官方公布数据显示，2015年广东省地方政府债务规模为9141亿元，低于江苏、浙江等省的全国排名，与辽宁、贵州等省规模相近。2016年广东省地方政府债务规模为9779.6亿元（包括深圳市），同比增长6.9%，较好地控制了增长速度。2015年广东省官方公布的总债务率是59.4%，低于90%～150%的国际控制标准区间，也低于财政部发布的86%的全国平均水平。因此可以初步得出结论：广东省的相关经济指标排全国第一，相关债务增速得到较好的控制，整体偿债能力较强，整体债务风险较低。

一、相关参数估计

当使用KMV信用风险评估模型对广东全省几个地方政府债务风险测算

评估时，最重要的四个评估指标为：2016 年各地到期应清偿债务、地方政府财政预算收入可用于偿债部分（或者称为具有兑付担保债务的财政收入）、地方财政收入的波动率以及地方政府财政收入的增长率。我国财政制度具有多变性，广东与全国一样财政制度每年都处在一个变动过程中，许多动态数据获取难度极大，笔者仅能使用已有的审计结果以及可以通过财政厅有关部门拿到的数据做相应的非动态排序及测算。

t 时期地方政府应偿还的债务 B_t 计算如下：

$$B_t = r_{t-1} \sum MV + (1 + r_t) MV_t \qquad (6-1)$$

其中，MV_t 为到期债务量，$\sum MV$ 为未到期债务累计总额，r_t 为到期债务票面利率，r_{t-1} 为未到期债务平均票面利率。

2007 年以来，广东省各地政府负有直接清偿的债务责任和担保承诺债务的清偿责任，全省地方政府财政资金直接清偿的债务和担保承诺的债务偿还的比例分别为 19.13% 和 14.64%，以这两种性质的债务共同构成的地方政府总债务＝负有偿还责任的债务＋（负有担保责任的债务×19.13%）＋（可能承担一定救助责任的债务×14.64%）。

由于历史原因，广东省地方政府债务总量大，结构极为复杂，相关的债务付息率或者利率等数据获取非常困难，为了保证测算的精度和数据的权威性，通过省政府公布的县级政府数据和财政厅提供的相关数据测算出 2013 年以来全省发行的地方政府债券票面利率≤4.5%。假设到期还本付息的票面利率＝未到期债务平均票面利率，本书选择 4.5% 作为地方政府债务利率的估计值，即 $r_t = 4.5\%$。

表 6-1　广东省 2014 年政府性债务余额未来偿债情况　　单位：亿元、%

序号	偿债年度	负有偿还责任的债务	比重	负有担保责任的债务	可能承担一定救助责任的债务
1	2013 年 7~12 月	1113.7	16.07	90	107.67
2	2014 年	1206.2	17.40	297.19	163.05
3	2015 年	1037.22	14.96	90.19	576.96
4	2016 年	824.05	11.89	103.39	160.3
5	2017 年	729.94	10.53	189.73	143.97
6	2018 年及以后	2020.53	29.15	250.35	1060.93
7	合计	6931.64	100	1020.85	2212.88

续表

序号	偿债年度	负有偿还责任的债务	比重	负有担保责任的债务	可能承担一定救助责任的债务
8	2014 年底未到期债务总额	4611.74	66.53	633.66	1942.16

资料来源：2014 年 6 月广东省审计厅公布的《政府性债务审计结果》。

注：8=7-1-2。

利用式（5-22）计算 2014 年 B_t 过程如下：B_{2014}＝2014 年负有偿还责任的债务+2014 年负有担保责任的债务×19.13%+2014 年可能承担一定救助责任的债务×14.64% ＝1206.2 ×（1+0.045）+4611.74 ×0.045+［297.19 ×（1+0.045）+633.66×0.045］×19.13%+［576.96 ×（1+0.045）+1942.16 ×0.045］×14.64%＝1570.6。

同理可计算 B_{2015}＝1291.7，B_{2016}＝1214.7，B_{2017}＝1391.4，B_{2018} 以后为4554.4。然而值得警惕的是近两年广东省应偿还地方债增长幅度过快，如表6-2 所示。

表6-2　2015 年广东省地方政府应偿还债务预测情况　　单位：亿元、%

序号	偿债年度	负有偿还责任的债务	比重	负有担保责任的债务	可能承担一定救助责任的债务
1	2015 年	1291.7	15.28	749	1324
2	2016 年	1214.7	14.37	—	—
3	2017 年	1391.4	16.46	—	—
4	2018 年及以后	4554.4	53.88	—	—
5	合计	8452.2	100.00	—	—
6	2015 年底未到期债务总额	7160.5	84.72		

资料来源：2015 年广东省政府公布的《关于广东省 2015 年地方政府债务限额的报告》。

注：6=5-1。

根据官方公布结果，2015 年广东省政府负有偿还责任的债务余额为8452.2 亿元，比 2014 年的审计结果增长了 21.9%。同时自 2015 年 12 月 21 日起，为进一步防范和化解财政金融风险，规范地方政府债务，发挥政府债务促进经济社会发展的作用，财政部对全国各省份实行地方债务限额管理。

表 6-3　2014—2016 年广东省地方政府一般债务情况　　单位：亿元

项目	2014 年	2015 年	2016 年
地方一般债务余额	5587.3	5257	—
地方政府一般债务限额	—	5862.3	6191.3
地方政府新增一般债务发行额	190	275.0	322.9
地方政府一般债券还本额	34.5	21	34.5
新增外债转贷政府债务限额	—	—	6.1

资料来源：广东省 2016 年预算执行情况。

注：1. 2016 年债务余额由于财政部尚未确认，最终数据未确定；2. 财政部债务限额管理从 2015 年开始，因此 2014 年无数据；3. 新增外债转贷政府债务限额管理从 2016 年开始，因此 2014 年、2015 年均无数据。

表 6-4　2014—2016 年广东省地方政府专项债务情况　　单位：亿元

项目	2014 年	2015 年	2016 年
地方专项债务余额	3221.3	2931	—
地方政府专项债务限额	—	3279.3	3588.3
地方政府新增专项债务发行额	—	58	309
地方政府专项债券还本额	—	—	—
新增外债转贷政府债务限额	—	—	—

资料来源：广东省 2016 年预算执行情况。

注：1. 2016 年债务余额由于财政部尚未确认，最终数据未确定；2. 财政部债务限额管理从 2015 年开始，因此 2014 年无数据；3. 新增外债转贷政府债务限额管理从 2016 年开始，因此 2014 年、2015 年均无数据。

实现限额管理后，2014 年地方政府一般余额与专项债务余额之和为 8908.6 亿元，2015 年地方政府一般余额与专项债务余额之和为 9188 亿元，增长 3.1%。

二、对广东全省 2017 年地方财政收入的预测

笔者假定一年期为地方政府违约概率的预期时间界限。从以下因素分析地方政府违约概率：第一，侧重于时间序列预测中的简单模型分析，因统计数据获得较难，所以在短期基础上进行违约度的初步预估，预测的效果是可靠的。第二，从 2002—2016 年广东省地方政府财政预算收支增长趋势图的走向可以看出，地方政府一般财政预算收入的数据变化趋势符合自回归条件。第三，将广东全省财政预算收入的波动性因素作为考虑重点，可将地方财政收入纳入风险测度模型。不论地方财政预算收入符合哪种正态分布趋势图，采用的基础数据都是广东全省及各地市地方财政收入已有

的历史数据。因此，对广东全省与各地市未来年份财政预算收入进行分析预测，笔者使用了自回归预测的方法。

为对未来年份的全省及各地政府财政收入进行准确预测，本书利用 Eviews 软件对 2002—2015 年广东省财政的一般预算收入数据进行一阶自回归模型分析，得出的预测数据 2016 年为 10390 亿元，2017 年为 12151 亿元。

三、可支配比例的确定

广东省政府和各地市政府在实际工作中，绝对不可能将地方全部财政预算收入用于清偿到期债务，所以，财政收入中一定有一个偿债的比例，本书确定的比例公式是：可支配比例=可用来偿还到期债务的财政收入/地方财政收入。国内研究人员在地方负债清偿的研究工作中，常常忽略政府实际偿债能力与预算收入能力之间比例的差异，他们都假设所有的省市具有相同的收入比例和偿债能力比例。但事实上，由于各个地方政府的经济发展水平和总量、财政预算收入实力的差别较大，用同一个比例去衡量所有地方政府偿债能力，显然是不合理、不科学的。所以，各地政府因地方的财政收入的可支配比例不同，测算偿债能力时必须做相应调整。笔者在研究中把广东省政府财政预算收入可支配比例与全省地方政府信用风险评级联系起来，统一考虑不同地市经济发展水平和实力、各地市财政预算收入及偿债实力等因素。基本可以判定，地方政府的信用风险评级度与融资成本成反比，地方经济实力与地方政府财政实力成正比，即地区的经济发展水平决定地方政府财政预算收入实力，地方政府财政预算收入实力决定未来政府偿债能力和违约的可能性。经济发展水平越高、财政预算收入能力越强，地方政府偿债的能力就越强，政府财政预算支出中可自由支配的比例也就越大。

根据很多研究者的研究结果说明，地方财政收入可支配比例通常会处于 30%～60%，参考国泰君安《中国地方政府评级手册》中对各省市地方政府的评级结果，将地方政府分为 7 级，7 个级别对应 7 个不同的可支配比重。手册以倒评级为阶梯，即对一些地方政府的评分如果越低，就代表地方政府偿债能力越强。依据手册的评分区间，从 0 开始设置每隔 0.500 为一档，共分 7 个区间。得分处于 [0, 0.500] 区间的地方政府评级最高，为第一级，赋予其可支配比例 60%。

其中广东省的可支配比例约为 60%，属于第一级水平，可以估算出广东省的可支配地方财政收入具体数值如表 6-5 所示。

表6-5　广东省财政收入及可支配财政收入预测情况　　单位：亿元

年份	财政收入	可支配财政收入
2017	12151.30442	7290.782654
2016	10390.33	6234.198
2015	9366.78	5620.068
2014	8065.08	4839.048
2013	7081.47	4248.882
2012	6229.18	3737.508
2011	5514.84	3308.904
2010	4517.04	2710.224
2009	3649.81	2189.886
2008	3310.32	1986.192
2007	2785.80	1671.48
2006	2179.46	1307.676
2005	1807.20	1084.32
2004	1418.51	851.106
2003	1315.52	789.312
2002	1201.61	720.966
2001	1160.51	696.306
2000	910.56	546.336
1999	766.19	459.714
1998	640.75	384.45

四、R_t、σ、g 的计算

地方政府可支配的财政收入为 R_t＝地方财政收入×可支配比例，当地方债到还本付息期限时，如果地方政府财政承诺担保能力小于偿债能力，信用风险与违约将对地方政府财政预算形成极大威胁，任其发展将导致政府出现财政信用危机。因此，地方财政预算收入波动幅度需要在分析和研究中特别关注，这是一个极其重要的变量。以随机过程确定波动幅度的概率及大小。将广东全省地方财政预算收入和实际收入数据共同代入结合式（5-10）、式（5-11）得出 2014 年及 2015 年的 R_t、σ、g 值，具体测算出 R_{2014} = 4839，g_{2014} = 0.0752，$σ_{2014}$ = 0.067295；R_{2015} = 5620，g_{2015} = 0.0792，

$\sigma_{2015} = 0.1460$; $R_{2016} = 6234$, $g_{2016} = 0.0782$, $\sigma_{2016} = 0.1478$; $R_{2017} = 7290$, $g_{2017} = 0.0768$, $\sigma_{2017} = 0.1507$。

将计算得出的 R_t、σ、g 代入式（5-24）、式（5-25）可以测算出相对应的全省地方政府违约距离和违约概率。考虑到全省各地政府需要加大负债风险控制力度，违约概率 P 值应该越小越好，通过对全省各地方政府违约概率临界值的确定，可以测算出全省地方债发债规模的安全值，判断出各地政府债务风险是否可控。根据广东省的具体情况，将 0.2% 确定为违约概率的临界值。根据上述测算结果得到广东省各地政府的地方债务违约概率，如表 6-6 所示。

表 6-6 广东省地方政府债务违约概率计算结果

年份	违约距离	违约概率
2014	16.96826	0.00
2015	12.92621	0.00
2016	14.947235	0.00
2017	16.294585	0.00

第三节 房地产及土地价格的波动对地方政府债务风险的影响

一、房价的波动对地方政府债违约风险的影响

从 1998 年开始，我国对商住房政策进行了一系列的改革，商品房的价格不断升高导致土地价格上升，土地出让收入逐步成为各地方政府不可忽视的收入来源。房地产价格的上升促使土地价格上升，不但提升了土地作为质押品的价值，而且提高了土地交易的价格，地方政府不论是从抵押品的价值来看还是从未来能够通过土地出让所带来的地方财政收入来看，其违约风险都降低了（龚强等，2011；刘守英等，2005；蒋省三等，2007）。但是，这种观点在房地产市场处于低迷的情况下有可能不会成立（温海珍等，2010；刘煜辉，2010）。自 2014 年起，由于中央不断对房地产市场进行一系列政策调整，全国大部分大中城市的房地产价格月度环比指数连续八个月处于下跌状态。受房地产市场调整的影响，我国各地方的债务风险也开始显现。在房地产价格下调的同时，全国各行业的融资成本都提高了，特别是城投债，当年的平均票面利率飙升至 7.26%。然而，随着财政部允

许各地方政府发行地方政府债券，财政部颁布的相关政策也比较频繁，而且从财政部对于上海市的资产负债表进行摸底调查的情况来看，财政部有盘活地方政府存量资产的趋势。基于此，由于房地产价格和土地价格与地方政府存量资产有着非常密切的关系，研究房地产价格与地方政府债有着非常重要的意义。作为地方政府债务的最重要组成部分，城投债也与房地产市场存在紧密的联系。城投债又被称为"准市政债"，与通常的市政债券不同的是，城投债通常是由地方政府的融资平台作为发行主体来发行的，地方政府通过间接渠道为城投债提供信用支持（周沅帆，2010；韩鹏飞等，2015；赵剑锋，2014）。所以本书将以城投债信用利差作为一个重要的变量来衡量城投债风险，并利用广东省的房价数据来说明房地产价格波动对地方政府债务风险的影响。

本书一个重要的创新就是从城投债角度分析房地产价格对地方政府债务风险的影响。同时，房地产价格的波动又通过作用于土地价格影响到城投债。我国的土地交易采用招拍挂的交易模式，这种交易模式会促使土地开发商在拍地的时候根据附近的房价来评判土地的价值，从而把房价与地价通过市场手段有效地联系起来，房价的上升也会带动土地价格的上涨。只要有旺盛的房地产市场需求，在高昂的房地产价格驱动下该地区的土地使用权对于房地产开发商就具有很强的吸引力，从而将引致土地需求的上升，造成高地价（刘民权等，2009）。所以，高房价决定了高地价（Alonso，1964；Muth，1969；Ooi 等，2004；Oikarinen 等，2006；况伟大等，2012）。土地价格会通过土地抵押品和土地出让收入两种渠道对城投债风险产生影响。从土地抵押品渠道来看，地方政府通常会把政府所拥有的土地先划拨给地方政府融资平台，再将该土地作为抵押品来担保城投债的发行，如果城投债出现违约风险，债权持有人则可以通过清算抵押土地资产获得偿付（何杨等，2012；葛鹤军等，2011）。按照这个逻辑，土地出让的价格上涨可以提高其作为资产抵押物的预期清算价值，从而加大了城投债未来偿债的可能性，同时降低了信用风险（刘守英等，2005；严金海，2007）。从土地出让收入渠道来看，地方政府通过组建地方融资平台将财政融资的职能实现表外化，但是实际的控制权仍然掌握在地方政府的手里。大部分城市的政府融资平台的共性通常表现为主营业务不突出，资产和资本相对薄弱，偿债能力有限等问题，只能高度依赖地方政府的财政收入作为偿债保障（齐天翔等，2012；吴变兰等，2010）。城投债的发行通常是由各地方政府的融资平台高度参与的，所以，地价的大幅上升伴随着大量的土地交易，能够有效地提升地方政府的财政实力，降低城投债违约风险。综合土地抵押品渠道和土地出让收入渠道可以看出，房地产的价格和当地土地价格的上升，能够有效地降低城投债的违约风险，并且房价和地价越高，其违约风险越低。根据以上分析，房地产的价格与土地价格存在联系并影响着城投债的违约风险。提出假设 1：房地产价格越高，土地的价格也越高。

二、土地财政依赖度和信用评级对房价与城投债风险关系的影响

1994 年税制改革以来，土地出让收入逐步成为地方政府财政的主要收入来源之一，"土地财政"也逐步成为地方政府的主要融资模式，地方财政收入中有较高比例来自土地出让收入（周飞舟，2010；吴群等，2010）。地方政府对土地财政的依赖程度影响着地方房地产价格的水平以及与城投债违约风险的关系这两个维度。一方面，房地产价格的上升会引起土地价格的上升，从而增加土地出让收入，并且增强地方政府的财政收入和财政实力。研究土地出让收入占地方政府财政收入的比重就可以说明其地方政府对于土地财政的依赖程度。地方政府对于土地财政越依赖的城市，房地产价格的波动越影响地方政府财政实力，从而影响地方政府对于城投债偿还的信用支持能力，使得城投债风险对于房地产价格的敏感度上升。另一方面，因为房地产价格的波动直接影响地方政府财政收入，所以地方政府存在对房地产市场运行进行干预的动力（刘民权等，2009）。在土地财政依赖度越高的地区，地方政府的财政对于房地产价格的敏感度也就越高。所以，土地财政依赖度越高的地方政府具有越强的动力推高房价或者维持高房价（周彬等，2010；张双长等，2010；宫汝凯，2012），房地产价格的上升对于有效地降低城投债违约风险有很大影响。根据以上分析，房地产价格的波动会直接影响地方政府土地财政依赖度，从而影响城投债违约风险。提出假设 2：对于土地财政依赖度较高的地方政府来说，房地产价格越高，对城投债信用风险的影响越大。

三、地方政府对一级土地市场参与度与地方债评级的关系

在 2015 年地方政府债券出现之前，各地方政府的融资很大程度上依托各类地方融资平台来实现。自分税制改革以来，这些地方政府融资平台的建立为缓解地方政府解决财政收入来源不足等压力发挥了非常关键的作用，为地方政府解决公共基础设施建设的融资发挥了积极的作用。但是，随着地方政府的融资需求不断增大，所建立的融资平台数量也迅速增加，很多

风险问题便逐步暴露出来。为此，国务院 2010 年 6 月发布了《关于加强地方政府融资平台公司管理有关问题的通知》，银监会 2013 年 4 月下发了《关于加强 2013 年地方政府融资平台贷款风险监管的指导意见》，国务院 2014 年 9 月发布了《关于加强地方政府性债务管理的意见》。这些文件的下发，突出了中央对于地方政府融资平台的监管趋于审慎，并且有意剥离地方政府融资平台的政府融资职能。

2015 年 5 月，财政部、人民银行与银监会又联合下发了《关于妥善解决地方政府融资平台公司在建项目后续融资问题的意见》，我们理解这个文件的本质是由于经济下行的压力，中央政府为促进经济的稳步增长，各个监管机构对地方政府融资平台运作的资金约束有所放松。这个文件的下发，凸显了在当时的经济形势下规范地方政府融资平台运作的复杂性与挑战性。本书尝试从地方政府融资平台对一级土地市场的参与度来衡量对地方政府债务风险的影响。

笔者对全国地级及以上级别城市统计年鉴的数据进行了汇总，并整理出微观土地交易数据。数据显示，2000—2012 年全国地级及以上建制城市范围内共计 3395 笔交易的土地买家为地方政府融资平台公司。其中，2009 年地方政府融资平台的土地交易量最高，为 516 笔，然后成交量逐渐下降，到 2012 年又开始上涨，土地交易量达到 392 笔（见图 6-1）。

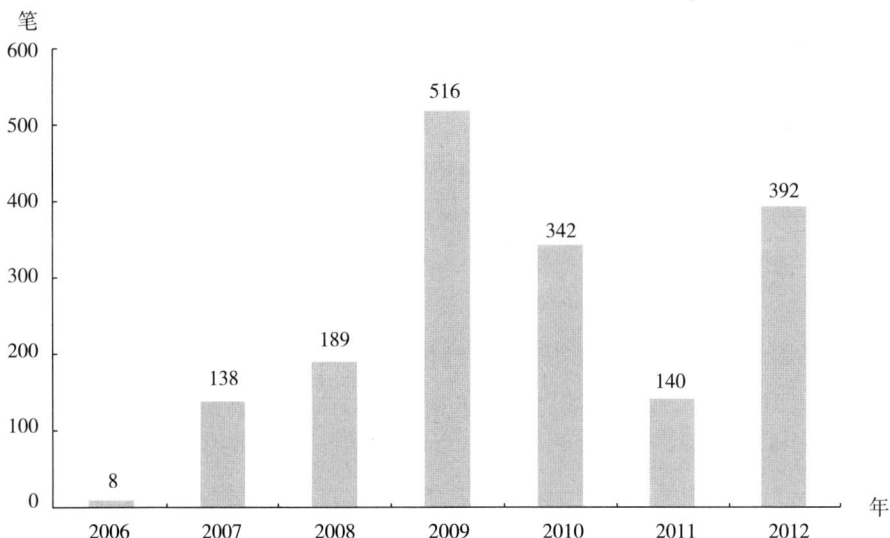

图 6-1　地方政府融资平台购地数量

图 6-2 显示，在 2006 年所有地级及以上级别的城市中，仅 1.7% 的城

市融资平台在一级土地市场上购地，但到 2012 年，这一比例达到了 42%。

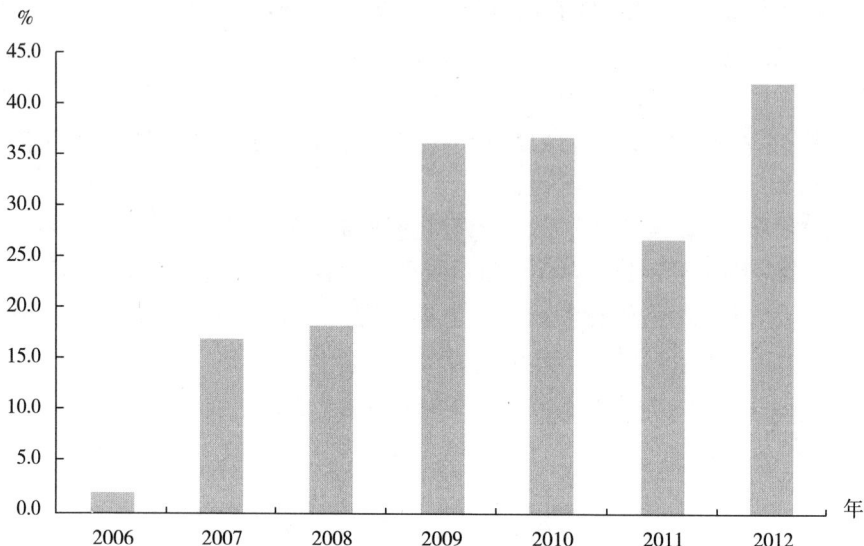

图6-2　地方政府融资平台参与土地交易的城市占比

　　为了检验地方政府融资平台参与土地市场购地活动的内在推动因素，笔者利用土地出让收入占地方财政收入的比重来衡量地方政府对于土地财政的依赖程度，如果政府对土地财政的依赖度与地方政府融资平台参与土地市场购地正相关，说明地方政府对土地财政的依赖度高，会促使地方政府融资平台参与一级土地市场的购地交易，从而也会增加土地交易市场的竞争者，同时会影响土地价格的上涨，对地方政府债务的信用风险产生影响。提出假设 3：地方政府对土地财政的依赖度越高，就越会促使地方政府融资平台参与一级土地市场的购地交易，从而对地方债信用风险的影响越大。

四、实证验证

　　假设条件 H_1：土地财政依赖度会对房价与城投债风险关系产生影响。

　　我国 1994 年分税制改革之后，土地出让收入逐步成为地方政府财政收入的主要来源。这一变革使得土地财政这一模式成为大多数地方政府的主要融资模式，特别是一些产业发展较为落后、产业梯度不合理的地区，其对土地财政的依赖度更高。这就导致了地方政府一方面主动推高房价，另一方面被动地被高房价所绑架。地方政府对于城投债偿还的信用支持能力取决于地方政府的财政收入，即土地财政依赖度高的地方政府对于房价的波动水平更为敏感，从某种程度上可以体现在其城投债的利率水平会受到政府土地财政依赖度的影响。由于房地产价格的波动直接关系到地方政府财政收入的多少，因此，地方政府存在对房地产市场运行进行干预的动力（刘民权等，2009）。在土地财政依赖度较高的地区，房地产价格对当地政府的财政影响更大。所以，土地财政依赖度越高地区的地方政府越有动力去推高房地产价格或保持较高的房地产价格（周彬等，2010；张双长等，2010；宫汝凯，2012），高房价对于城投债风险的降低作用也越大。因此需要探索是否存在通过房价的高低影响地方政府财政收入的风险，从而进一步明确对地方政府融资平台产生影响的传导路径。

1. 样本选择与数据来源

本书使用沪深债券市场和银行间债券市场 2010—2016 年广东省各地市发行的城投债数据作为初始样本，考虑到城投债一般用于长期的基建项目，因此需要剔除短期融资券、中期票据、可分离转债存债、资产支持证券等，只保留公司债券和企业债券，并且删除相关数据（如财务数据、融资成本）缺失的债券，共得到 315 只城投类公司债券和企业债券。具体数据通过同花顺数据库获得。表6-7 是部分数据的展示。

表6-7　2010—2016 年广东省各地市城投债发行情况 单位：亿元、年、%

代码	名称	发行总额	期限	发行价格	票面利率（发行参考利率）
011698981. IB	16 粤广业 SCP005	5. 00	0. 74	100. 00	3. 9200
101652047. IB	16 珠海华发 MTN002	22. 00	5. 00	100. 00	4. 9000
011698916. IB	16 中山城投 SCP001	5. 00	0. 74	100. 00	3. 5200
136861. SH	16 恒健 02	30. 00	5. 00	100. 00	3. 4500
011698893. IB	16 粤交投 SCP001	10. 00	0. 74	100. 00	3. 2000
136837. SH	16 穗发 01	30. 00	5. 00	100. 00	3. 2800
011698862. IB	16 佛公用 SCP010	5. 00	0. 74	100. 00	3. 3500
101658069. IB	16 深圳水务 MTN002	2. 00	3. 00	100. 00	3. 3400
011698776. IB	16 珠海华发 SCP007	20. 00	0. 74	100. 00	3. 0900
101656051. IB	16 粤交投 MTN002	10. 00	5. 00	100. 00	3. 3900
011698738. IB	16 广新控股 SCP009	10. 00	0. 74	100. 00	3. 0200

续表

代码	名称	发行总额	期限	发行价格	票面利率 （发行参考利率）
011698737. IB	16 恒健 SCP003	10. 00	0. 49	100. 00	2. 7500
011698685. IB	16 珠海华发 SCP006	20. 00	0. 74	100. 00	3. 1000
011698656. IB	16 佛公用 SCP009	6. 00	0. 74	100. 00	2. 8900
139260. SH	16 韶关债	10. 00	8. 00	100. 00	3. 6700
1680422. IB	16 韶关债	10. 00	8. 00	100. 00	3. 6700
041666014. IB	16 深圳水务 CP002	4. 00	1. 00	100. 00	2. 7900
011698550. IB	16 恒健 SCP002	20. 00	0. 49	100. 00	2. 6400
101654089. IB	16 广新控股 MTN001	20. 00	5. 00	100. 00	4. 1800
101652039. IB	16 珠海华发 MTN001	20. 00	5. 00	100. 00	3. 9500

资料来源：同花顺。

2. 实证模型的建立

本书以广东省 21 个副省级或地级城市为研究样本，采用同花顺数据库中披露的 2010—2016 年广东省主要城市月度"住宅平均价格"作为住宅价格衡量指标，将月度指数进行简单平均得到年度平均住宅价格。各地级市的地区生产总值、一般预算内财政收入、一般预算内财政支出数据来自《广东省统计年鉴》（2010—2016）。各市的土地出让价款、协议土地出让面积和招拍挂土地出让面积数据来自《广东省国土资源年鉴》（2010—2016）。在样本量方面，将房地产数据、城投债数据与地级市数据进行匹配。

房地产价格对城投债的风险关联性模型：

$$Rate = \alpha + \alpha_1 \times House + \alpha_2 \times Control + \varepsilon \qquad (6\text{-}2)$$

债券的信用风险是信用利差最重要的影响因素，通过信用利差能够更准确地反映信用风险水平，具体测算方法是城投债发行利率减去同期的相同期限银行贷款利率。

根据 Deboskey 等（2013）的建模指标，结合国内数据的可获取性以及特殊性进行处理修正得到如下模型：

$$Rate = \alpha + \beta_1 \times House + \beta_2 \times Earn/Fiscal + \beta_3 \times Earn/Fiscal \times Dummy +$$
$$\beta_4 \times Control + \varepsilon \qquad (6\text{-}3)$$

其中，Rate 是信用利差，House 是房价数据，Control 是控制变量，表示发债城市的具体经济指标，涵盖了发债城市的生产总值数据（GDP）、城市的财政收入数据（Fiscal）、城市的一般财政支出数据（Cost）；发债主体的经营财务指标，总资产（Asset），以及资产负债水平（Leverage）；土地出让收入为 Earn，则 Earn/Fiscal 代表了土地出让金额占整体财政收入数据的比例，该比值越大，反映地方政府对土地财政的依赖度越高。将样本分为政府对土地财政依赖度高于 67.7% 分位数的子样本和政府对土地财政依赖低于 33.3% 分位数的子样本进行回归，在原先模型的基础上添加哑元变量 Dummy，其为 1 代表高于 67.7% 分位数的城市，其为−1 代表了低于 33.3% 分位数的城市，为 0 代表处于中间位置的城市。如果 H_1 成立，则 β_3 的数值应该显著。β_3 如果为正，说明房价越高，地方政府土地财政依赖度越大，房价对城投债风险的影响力也就越大，为负值则相反。

3. 实证检验

实证检验通过 OLS 回归进行分析。首先考察房价对城投债风险的影响，然后探讨对于不同土地财政依赖度的地区发行的城投债、信用评级级别不同的城投债，房价对其影响是否存在差异。

从表 6-8 可以看出，除了城市的一般财政支出数据（Cost）以外全部都具有相关性。其中，房地产价格和利差表现为负相关，说明了房地产价格越高，城投债与同期国债之间的利差（信用利差）就越大，同时地价也越高。这证实房地产价格与土地价格间确实显著正相关，也意味着高房价可以带来高地价进而降低城投债违约风险。同时，城投债违约风险也与各地方的 GDP 负相关，说明在广东省各个城市中，经济发展水平越高的城市其城投债违约风险也就越低，相对的利差范围也越窄。

表 6-8　信用利差影响因素的回归分析（一）

变量	系数	标准差	t 值	Prob.
Cost	0.302766	0.196025	1.544531	0.1409
Fiscal	−0.011065	0.002912	−3.800584	0.0014
GDP	−0.000468	0.000142	2.932674	0.0301
House	−0.000626	0.000136	4.616969	0.0002
Asset	−0.000378	0.000124	3.048372	0.0019
Leverege	−0.423806	0.157923	2.683345	0.0482
R-squared	0.88342607	Mean dependent var	5.187452	
S. E. of regression	2.510866	Akaike info criterion	4.848776	
Sum squared resid	107.1756	Schwarz criterion	5.047733	
Log likelihood	−46.91215	Hannan-Quinn criter.	4.891955	
Durbin-Watson stat	1.039412			

该模型的 R-squared 为 0.8834，调整后的 R-squared 为 0.7999，说明该模型拟合情况较好，用该模型选取的指标能够较好地反映城投债的风险水平和房地产价格之间的相关性。

4. 土地财政依赖度和信用评级对房价与城投债风险关系的影响研究

为了探讨不同土地财政依赖度下房地产价格水平对于城投债风险影响的异质性，将样本分为政府对土地财政依赖度高于 67.7% 分位数的子样本和政府对土地财政依赖度低于 33.3% 分位数的子样本进行回归，在原先模型的基础上添加哑元变量 Dummy，其为 1 代表了高于 67.7% 分位数的城市，其为 -1 代表了低于 33.3% 分位数的城市，为 0 代表了处于中间位置的城市。其结果如表 6-9 所示。

表 6-9　信用利差影响因素的回归分析（二）

变量	系数	标准差	t 值	Prob.
Cost	-0.075667	0.152845	-0.495059	0.6295
Fiscal	-0.019784	0.008530	-2.319475	0.0388
GDP	-0.000949	0.000396	2.399152	0.0336
House	-0.001149	0.000263	4.362425	0.0009
EF	0.111088	0.034441	3.321930	0.0040
EFD	0.127347	0.012517	10.86786	0.0001
Housed	-0.001387	0.000472	2.96735	0.0198
Asset	0.000443	0.004884	0.090599	0.9293
Leverge	-0.002166	0.002659	-0.814700	0.4311
R-squared	0.81694205	Mean dependent var	5.187452	
Adjusted R-squared	0.78490342	S. D. dependent var	0.757354	

EF 代表了 Earn/Fiscal 即地方政府依赖程度，EFD 则是地方政府土地财政依赖程度和哑元的二项相交。从表 6-9 可以看出，地方政府土地财政依赖程度和城投债水平呈正相关性，即地方政府债务对土地财政依赖度越高，其城投债的风险水平也越高。在加入哑元后进一步分析，土地依赖度水平的系数是 EF 与 EFD 的系数之和。当哑元为 0 时，即在中间水平的城市，土地依赖程度为 0.111，如果对土地财政依赖程度高，则其系数为 0.111 + 1×0.127 = 0.238，说明当土地财政依赖度高的时候，土地财政水平同幅度的提升会造成高依赖程度的城市城投债利差进一步加大，也就说明其风险进一步加大，即土地财政依赖度高的城市其风险度也越高。而对于土地财政

依赖度低的城市，其影响系数为 0.111−1×0.127＝−0.016，这说明对于土地财政依赖度低的城市，其城投债风险对于土地财政收入的敏感度远低于这些高依赖度城市。同时，房价对于整个城投债的影响也为负向，说明房地产价格越高，城投债风险越低。Housed 代表了房地产价格不同依赖水平城市之间的二项相交。House 和 Housed 系数相加才能够表明房地产价格在不同依赖水平城市对于城投债风险的影响。当哑元为 1 时，系数为−0.0011−0.0014＝−0.0025；当哑元为 0 时，系数为−0.0011；当哑元为−1 时，系数为−0.0011＋0.0014＝0.0003。这就说明依赖度越低的城市其城投债风险对于房地产价格波动的敏感度越低，依赖度越高的城市其城投债风险对房地产价格波动的敏感度越高。

五、结论

本书采用 2010—2016 年广东省所有城市的城投债面板数据考察房地产价格对城投债信用风险的影响，通过实证得到以下结果：房地产价格越高，土地的价格也越高；对于土地财政依赖度较高的地方政府来说，房地产价格越高，对城投债信用风险的影响越大；对土地财政依赖度高的城市，地方政府融资平台参与土地市场购地的可能性就高，对地方债信用风险的影响也就越大。这表明，房地产价格的波动和城投债信用风险关联度很高，房地产市场的波动会通过土地价格的波动传导到地方政府债券市场，进而影响整个金融市场的稳定。房地产价格的崩盘，很有可能通过这种传导机制引发地方政府债务风险的全面爆发。

第四节　广东省地方政府债务风险评价

一、违约风险存在，总体债务风险可控

从风险指标来看，广东省地方政府性债务规模与该省的经济发展水平基本适应。从局部的情况来看，个别地区、个别行业可能债务规模比较大，偿债能力比较弱，存在一些风险。

根据广东省人大审议通过的 2015 年底的相关数据，广东省共包括 19 个地区出现了债务风险预警信号，有 2 个地区已经越过了警戒线（见表 6-10）。

表6-10 2015年广东省各市债务率情况 单位：亿元、%

排名	地区	发债城投企业有息债务	地方公共财政收入	债务率
1	广州市	2110	1349	156
2	省平台	2951	1962	150
3	湛江市	142	122	116
4	江门市	197	199	99
5	珠海市	245	270	91
6	中山市	259	287	90
7	云浮市	39	59	67
8	梅州市	67	104	65
9	阳江市	41	68	60
10	河源市	36	68	53
11	汕头市	55	131	42
12	韶关市	27	85	32
13	佛山市	157	557	28
14	茂名市	28	114	25
15	汕尾市	7	29	23
16	揭阳市	18	77	19
17	清远市	21	108	19
18	深圳市	523	2727	10
19	肇庆市	15	143	5
20	惠州市	18	340	0
21	潮州市	0	47	0
22	东莞市	0	518	0
合计		6956	9365	74

资料来源：2015年公布的广东省各市城投债和地方公共财政收入情况。

从表6-10可以看出，经分类计算后的广东省整体债务率为74%，虽然高于官方公布的59.4%，但省平台和地级市可能涉及重复计算，实际整体债务率应该更低，依然处在一个较安全的水平。分地区来看，只有广州和湛江超过警戒线，其他城市债务率均处在较安全区间，而其他分地区合计债务率为54%，低于官方公布的平均水平。再来看各地市地方债违约风险情况，如表6-11所示。

表6-11　2015—2016年广东省各地级市地方债违约风险评级结果　　单位：%

地区	2015年违约距离	2015年违约概率	2015年违约等级	2016年违约距离	2016年违约概率	2016年违约等级
广州市	9.57293	0.000	2	13.16923	0.000	1
湛江市	9.49848	0.000	1	8.16966	0.000	2
江门市	8.81990	0.000	2	9.10107	0.000	2
珠海市	6.85925	0.317	3	6.57127	0.3678	3
中山市	8.94142	0.000	2	8.89353	0.000	2
云浮市	5.05811	0.407	4	4.45567	0.430	4
梅州市	7.96826	0.000	2	792621	0.301	3
阳江市	7.26420	0.000	2	5.38051	0.436	4
河源市	4.13997	0.410	4	4.12573	0.497	4
汕头市	7.51170	0.000	2	6.86626	0.000	1
韶关市	6.84584	0.367	3	5.48463	0.401	4
佛山市	12.84195	0.000	1	9.02665	0.000	2
茂名市	9.01257	0.000	2	9.60996	0.000	2
汕尾市	9.01691	0.003	2	7.72097	0.000	3
揭阳市	6.52426	0.315	3	9.85484	0.000	2
清远市	5.96132	0.353	3	5.98732	0.373	3
深圳市	11.61806	0.000	2	9.77874	0.000	2
肇庆市	14.55156	0.000	1	11.73027	0.010	1
惠州市	10.41973	0.000	2	9.77104	0.000	1
潮州市	6.67097	0.336	3	6.72691	0.000	2
东莞市	9.51183	0.000	1	8.81495	0.007	2

　　将违约等级分为1~4级，1级代表违约风险最低，4级代表违约风险最高。计算依据各地市综合经济实力和还债能力。

　　一要判断广东省地区综合经济实力，主要包括各地区GDP、财政收入、人均收入、人口流入等因素，深圳和广州是广东省综合经济实力最强的地区；其次是东莞、佛山、珠海、惠州、中山；较弱的地区有湛江、江门、肇庆、梅州、汕头、茂名、清远、揭阳；综合经济实力最弱的地区包括潮州、汕尾、阳江、韶关、河源、云浮。

　　二要判断综合还债能力，除了经济因素，政治也是一个重要因素。例如广州虽然债务率全省最高，但是作为省会城市有省政府最高信用保证，然后是深圳、汕头等经济特区。因此，广州、深圳、汕头、佛山、肇庆等拥有较强的综合还债能力，其次是东莞、汕尾、韶关、珠海、中山、清远、梅州、茂名、湛江、江门，而揭阳、阳江、河源、云浮综合还款能力最弱。

根据地区综合经济实力、还款能力两点，可得出结论：云浮、河源、阳江、韶关等粤西北城市违约风险相对最高，汕头、茂名、梅州、珠海、清远、揭阳等城市违约风险相对较高，中山、江门、汕尾、湛江、肇庆等城市违约风险相对较低，违约风险最低的区域是广州、东莞、深圳、佛山。

总体而言，广东省经济发展全国居首，债务压力靠后，债务化解能力较强，违约风险相对有限，总体债务风险可控。

二、对负债规模和违约率分析

通过将广东省的最新数据代入公式进行分析，2015 年广东省到期应偿还债务预测值为 1364.7 亿元，根据官方公布结果，截至 2015 年底，广东省到期应偿还债务实际值为 1291.7 亿元，偏离度为 5%；2016 年广东省到期应偿还债务预测值为 1270.6 亿元，截至 2016 年底，广东省到期应偿还债务实际值为 1214.7 亿元，偏离度为 4.4%。

2015 年广东省地方政府财政波动率预测值为 0.060，根据官方公布结果，2015 年广东省财政波动率实际值为 0.062，偏离度为 3.3%；2016 年广东省地方政府财政波动率预测值为 0.152，2016 年实际值为 0.157，偏离度为 3.2%。

2015 年广东省地方政府债务违约距离预测值为 16.20，根据官方公布结果，2015 年广东省地方政府债务违约距离实际值为 16.23，偏离度为 0.0019%；2016 年广东省地方政府违约距离预测值为 16.87，2016 年实际值为 16.93，偏离度为 0.0036%。由此得出，模型预测基本契合实际情况。

三、对广东省政府不断提高信用评级的政策建议

对于广东省财政的总体情况，全省的经济发展指标排在全国首位，偿债整体能力排在全国前几名。偿还债务虽然有一定压力，但是具有相当大的偿债能力或者化解债务风险的能力，债务风险的爆发概率相对较低。但是广东省政府仍需不断提高信用等级，现提出以下几点建议：

1. 严格控制预算内开支，减少不必要的投资和投资过度现象。严格对地市的财政开支进行更加有效的监控和管理，防范重复投资、过度投资或

者为了"政绩"和"投资任务"而产生不必要的投资。

2. 对于信用风险最高区和较高区实施有效的财政预算监控措施。这些地区大多集中在粤西等经济欠发达地区，自主经济和产业比较落后，投资环境也相对较差。建议省政府对于这些地区在财政开支预算方面实施更加严格的监控措施。

3. 对于粤西等欠发达地区通过加大对市县转移支付的方式或者通过专项基金投资等方式进行扶持，同时可以将这些地区的部分基础设施建设纳入省政府专项拨款的范畴，或者利用专项基金投资等方式，减小这些地区的债务违约风险。

4. 出台较为合理的房地产调控政策来稳定房价。房地产价格的波动对地方政府债务风险影响度非常高，如果房地产价格出现持续下降，地方政府债务风险很容易就暴露出来。所以，稳定房地产价格可以有效地防范地方政府债务风险的突然爆发。

5. 逐步降低地方政府的土地财政依赖度，需要从解决地方财政来源不足的问题着手。中央政府可以适当调整部分财政收入比例，将此资金转移给地方政府，从而减轻地方政府财政支出的压力。

第七章　进一步完善我国地方债评估方法与指标体系的政策建议

自 2015 年起，我国地方政府债券取代地方融资平台，成为我国地方基础设施建设最主要的融资模式。因为我国市政债发行时间短，经验不足，特别是在风险评级方面与西方相比差距较大，所以，我们应在学习西方国家特别是美国的市政债发行管理与评级经验的基础上，规范我国市政债的发行、评估与使用，以此来支持我国地方政府市政债的安全、可持续发展。

第一节　完善我国地方政府债券发行与评级指标和方法

一、建立、健全及完善地方债相关法律和法规

1. 健全和完善地方债相关法律法规

尽快改变我国地方政府市政债发行无法可依或者法律不健全的现状。地方政府的负债必须有法可依，建议国家立法部门尽快制定出台中央政府与地方政府融资法，规范我国地方政府负债。在地方政府负债立法有关规定中，特别要重视健全信用风险评级的条款。具体应做到以下几点：

第一，规范地方债发行。通过法律要求地方政府负债前必须真实完整地披露发债前的各项信息，特别是有关地方政府的财务信息、负债率、财政收入支出信息、发债金额、用途、期限、利率及偿还保证，对于投资者的查询，地方政府不得以任何借口予以回绝。设立相关法律条款强制性要求地方政府发债前由独立评级机构进行评级，在金融市场完整公布评估信息，确保地方政府对市场投资者负责，对本地区公众负责。

第二，规范发债资金按照融资用途使用。通过立法强制性要求通过市政债融通资金的使用必须保证专款专用，只能用于地方基础设施建设和公共服务项目建设，且不得改变资金使用规模确保资金与项目对应，项目与用途对应。

第三，确保市政债还本付息，保护投资者的利益。通过立法明确地方政府应对市政债的风险负责，在法律上明确政府负债不得兑付时的赔偿，明确地方政府主管官员不能按期偿债应负的责任，并建立追责制度，从法律上明确市政债到期不能偿还应负的法律责任，以立法的形式保障投资者的利益。

2. 统一我国市政债监管模式和制度

通过立法赋予地方政府发行市政债券的权力，但中央财政一定要对市政债发行规模、期限及用途统一管理调控，防止地方政府道德风险，从制度上消除非理性发行市政债以及投资非理性的影响。现阶段市政债发行权限不宜过快下放，防止地方政府在发债问题上大干快上。建议将发债范围控制在省级政府及副省级城市。基层政府不具备发债的内控力度和防范风险的能力，也不具备使用发债融资的能力。严格限制市政债融资的用途，保证资金仅用于城市基础设施建设投资和公共项目建设，防止资金被挪用。

3. 支持经济欠发达地区扩大地方债发行规模

我国地区之间存在着较为严重的经济发展不平衡，地区之间贫富差距正在加大。为缓解地区之间经济发展的不平衡问题，中央财政应在市政债发行数量方面给予欠发达地区一定优惠照顾；同时，为了提高这些地区的评级标准，中央财政应给予这些地区偿债担保的承诺。

4. 对地方政府发债实行独立机构监督与公众监督相结合

对地方政府发债应实行独立机构监督与公众监督相结合，保障公众对政府的监督权利。地方政府发债实质上是政府与公众利益的博弈和协调。本着信息公开的原则，市政债发行人必须完整全面地公开自己的财务信息和融资使用规划，政府融资的投向和还债计划一定要置于公众监督之下，对地方政府发债一定要由独立的第三方机构进行监管，防止目前政府发债、政府使用、政府自己监管的状况继续下去。没有公众监管和独立第三方的监管，政府就可能会出现道德风险，基础设施建设资金就可能流失或被挪用。

二、完善地方政府预算支出机制

1. 硬化地方发债的制度约束

中央财政应建立硬化地方预算约束的制度，从制度上杜绝担保和隐性担保承诺，中央政府对地方政府的负债到期不能清偿实行较为模糊的不救助原则，严厉处罚地方政府主管官员的道德风险。建议采取以下措施：

第一，建立债务清偿问责机制。由于对官员的考核机制、激励机制出现偏差，我国地方官员只对上级负责不对地方公众负责，发行市政债以追求政绩为标准，借款时不考虑如何还款。必须通过建立合理的制度约束地方官员举债不负责任的行为，综合考核举债责任权利，通过债务管理问责追究主管官员的责任，建立官员终身追责制度。地方债务具有极强的隐蔽性，在财政制度上将地方债纳入中央预算监管的范围，官员的政绩必须与偿债相结合，上级政府对下级政府债务行使监督管理。

第二，地方官员考核机制中债务管理应占较大比重。GDP 数量以及增长幅度一直都是我国对政府官员考核的主要标准，导致市政债发行也为追求 GDP 考核服务，成为地方官员晋升的一个工具。市政债融资更多的是投向政绩工程，目前许多地方的重复建设项目、低效率投资项目都是追求政绩的一个突出表现。从制度上约束官员的政绩考核标准，应将市政债清偿和投资效益作为考核的重要标准。若地方官员在任期内违规举债或低效率投资，将对其严惩；若对债务管理不力，即使当地 GDP 增长很有成效，也不应得到提拔和表扬。

2. 进一步完善中央的转移支付制度

目前，地方的经济社会发展与财力十分不对等，各地政府的事权越来越多，但财权却越来越小，导致地方政府财权和事权严重背离，其中，既有地方事权不断扩大的客观原因，也有中央将部分事权下放给地方的原因，还有事权范围进一步明确的原因。但是随着财政分权制度的建立，地方的财权在不断减小。中央财政为了解决这个问题，对地方政府加大了支付转移的力度。解决地方政府事权与财权严重背离的问题，完善中央政府对地方政府的转移支付制度是一个重要且最有效的措施。特别应该加大对经济欠发达、基础设施极其短缺的老少边穷地区的资金倾斜，除中央支持外，这些地区更应该发挥主观能动性，共同降低负债水平。

三、中央总量控制的政策不能变

1. 将地方政府发行市政债规模纳入中央财政控制之中

由于我国大部分地区基础设施建设不足，人民群众要求较高的生活质量以及城镇化快速发展带来的压力，地方政府的发债冲动极其强烈。地方政府在追求政绩的压力下，可能会超地方经济规模发行地方债券。作为金融市场的债券融资方式，发行市政债也存在一定的兑付风险。但是市政债由于有中央财政的隐性担保，融资成本相对较低，信息披露和监督没有落实，所以投资效率较低。自2008年国际金融危机以来，各级地方政府通过地方融资平台举债，承担了大量债务。自2015年中央财政开展地方融资平台与地方债的置换以来，在其他举债手段受限的背景下，极大地提升了地方政府发行地方债的积极性，各地政府希望进一步大量举债，这是一个很不好的信号。首先，从借款人角度看，我国财政不是硬约束，没有地方政府破产机制，以及政府官员考核机制的缺陷，地方政府对举债可以不计风险和忽略还款压力，并且负债中存在极大的道德风险。当地方税收减缓、过度支出或兑付违约时，地方财政风险很难控制。其次，从债权人角度看，我国财政的硬约束较强，实质上是中央财政为地方提供隐性担保，无人有效监督，这将进一步导致官员逆向选择和产生道德风险。最后，上级政府对下级政府的考核未将债务管理水平考虑在内，地方政府官员只管举债不管还债，任期制加重了债务的风险。举债中的道德风险和追求政绩的逆向选择，地方债风险最终将转嫁给国家并导致系统性风险。

2. 改进信息披露机制

市政债反映地方政府的融资能力和水平，也反映出一个地区经济实力和财政税收发展潜力。地方经济实力较弱，将导致融资能力降低，信用风险增大，融资成本上升。金融市场是一个检验地方融资能力的试金石，一般情况下信用程度越高、融资成本越低。融资信息披露是否完整是降低风险度的重要保障，需要我国地方政府不断提高公信力。目前，我国相当一部分地区政府信息不完善，对金融市场披露有规避内容。信息披露帮助投资者规避风险进行决策，也与发债地区社会公众利益紧密相关。所以，完整的信息披露是极为重要的。美国政府对地方政府市政债发行信息披露有着非常严格的要求，根据有关制度的规定，地方政府发行债券必须详细地披露其财政收支信息，对于这些信息，投资者和机构可以从众多公开渠道获得。监管机构严格规定地方政府信息披露的内容和要求。目前，我国政府主管部门对发债信息的相关要求极为简单，没有建立信息披露的法律制度和框架。因此，必须在制度上作出规定，要求地方政府对自己的有关信息做出详细的说明，保障公众有足够多的知情权和监督权。

3. 加强信用评级机构在防范信用风险中的作用

政府发行市政债前必须对自身的风险度进行评级，这是政府举债的必备前提条件，在美国只有地方政府信用等级评级合格才能在金融市场举债。信息披露和处理是金融服务的基础，为投资者提供风险信息是评级机构的职责。目前，我国有关机构和部门还不能提供完整的相关债券信息，也没有一家全国公认的信誉度较高的评级机构。特别是在金融市场监管制度与评级制度缺乏的前提下，评级机构与政府合谋共同寻租，在没有有效监督的情况下，出于利益，评级机构很容易与地方政府、承销商形成"寻租共同体"，发布不真实的信息，出具不真实的评级报告，欺骗投资者。所以，应由中央政府主导，建立全国性的具有普遍公信力的评级机构，开展对我国地方政府发债的评级工作，以此防范地方政府发债的风险，并且通过规章和制度防止评级机构的寻租和与利益相关方结成共同体。

四、保护债权人利益

1995 年我国颁布的《预算法》规定："地方政府不得发债。"但随着改革开放的深入，地方事权在不断扩大，财权没有多少增加，城镇化要求地方政府承担地方基础设施建设的要求越来越多；1994 年，分税制改革后，直接减少了部分地方预算收入来源，相当于减少了地方建设资金的来源，中央政府的补贴和转移支付与各地区的需求差距较大。特别是分税制以来，我国地方财力严重不足的问题更为突出，加上经济转型，部分地区经济发展一直没有起色，税收增长幅度不高，长期处于建设资金严重短缺的状态中。国家非常重视对地方财政收支的改善，每年将 50% 的国债资金用于改善地方财政收支不平衡，但由于我国人口基数太大，基础设施建设欠账太多，中央财政投入的资金远远无法弥补地方政府发展的资金需求缺口。我国地方政府在发展中的问题表明，需要对分税制改革进行调整，1994 年的分税制改革既不彻底也没有真正解决中央和地方两方面的问题。分税制简单地将财权回收、将事权下放，需要尽快从根本上明确中央和地方在财政支出责任方面的划分，提高地方财政收入的留存比例。中央政府如果能尽快出台政府举债法将对解决基础设施建设资金不足的问题起到积极作用，从根本上缓解地方建设资金不足的问题。地方政府举债的关键是要防范风险及保护债权人的利益，这也是我国地方债健康发展的关键。如果中央尽快制定并出台相关法律法规，在赋予地方政府发债权、规范地方发债行为的同时，要求通过信用风险评级揭示相对应的风险，从而保护投资者的利益，将对我国地方政府举债起到良好的引导作用，保证财政秩序安全有序，投资项目有效，满足地区社会经济发展的需要。

第二节　进一步完善我国地方政府信用评级要素和指标体系

一、地方债评级必须关注五大基本要素

对于我国的地方政府而言，进行债务风险评级时，应该关注五大体系，即政治法律体系、经济发展体系、财务收入与支出体系、社会环境体系与地方政府经营管理能力水平体系。在传统的地方政府负债风险评级中（主要指美国对地方债的评级以及我国部分评级公司学习国外做法），是不考虑地方政府经营管理能力或者债务运用能力的。另外，其他主要因素方面，目前许多评级方法中没有考虑我国社会主义初级阶段的特色。从我国地方政府履行职能的实际情况看，建议从以下几个方面进行改进。

第一，政治法律体系。主要从地方政府的政治法律环境和地方政府执行方面进行评估，建议采用的指标有：（1）完善的法律制度。完善的法律制度可以督促地方政府主动承担债务负担和有效防范风险，防止因地方领导人的变动和政府班子换届而发生逃废债，同时又不受相关法律制裁的行为。另一个角度是当地方政府与债权人发生纠纷时，完善的法律制度能站在公平公正的立场对相关法律纠纷作出公正裁决，而不是使债权人处于弱势地位。（2）行政效力。行政效力主要是指地方政府执行国家政策的沟通能力与效率。国家政策一定要依靠地方政府的执行和沟通，只有高效的执行和沟通能力，才能使国家政策完整快速地传导下去。另外，对国家宏观政策的执行与传导，也反映了一个地区地方政府政令的有效能力，只有政令畅通才能保证地方政府具有高效的偿还债务的能力。（3）地方政府的廉政程度与民众的民主参与程度。党的十八大以来，中国共产党加大了反腐倡廉力度，腐败是影响地方政府效率和民心的重要因素，廉政有利于政府的顺利运行和企业的正常生产以及降低成本。长期以来，我国地方政府存在不廉政的问题和腐败现象，这是在信用评级中必须重点考虑的因素，只有不断反腐败、减少腐败现象，才能提高地方政府的运行效率。民主参与

程度是指地方民众对政府负债参与监督的程度，只有民众广泛参与和有效监督，才能提高地方政府运作效率和促进对负债的有效运作，否则，人民群众如果不能参与对地方政府负债的监督和管理，地方政府的负债风险是没有办法有效防范的。

第二，经济环境。主要包括市场效率，指地方政府对资源的配置能力，以及对市场的运作能力和管理能力，市场效率高可以提高地方政府的负债能力。另外，还需要关注地方经济实力以及经济波动性。从我国的情况看，我们必须将产业结构作为对地方政府信用评级的一个主要依据。因为，一个地区的产业结构，一般决定这个地区的经济发展程度，不同的产业结构决定不同地方政府的还款能力。另外，在经济环境中，就业水平、收入和分配水平、财政收支以及财政硬支出缺口都是需要重点考虑的因素。

第三，货币与金融因素。货币与金融因素主要是指地方政府从金融机构和金融市场融资的能力以及一个地区金融实力和对金融市场的适应能力，主要包括一个地区的物价水平、汇率水平、银行业的风险和可以融资的能力、地方政府可以加杠杆的程度，这是我国地方政府负债的一个特点。部分国有企业的负债是由地方政府来偿还的或者至少对其负有担保的责任，这是我国地方政府与以美国为代表的西方国家地方政府不同的地方。另外，我国有差别的货币信贷政策也是对地方政府负债影响最大的因素之一，这点也是与西方国家不同的方面，在评级时要特别给予关注。

第四，社会环境。主要是指一个地区的人口、文化教育、社会治安、环境保护等方面的因素，这些因素对地方政府负债的风险影响也是巨大的。在我国地方债的评级中，我们应重点关注一个地区的人口状况特别是劳动力的变动情况，我国更重要的一点是人口老龄化的速度，一个地区人口老龄化程度决定财政公共支出的水平和能力，在一定程度上决定了一个地方的政府创新能力和财政出资能力，这是我国地方政府信用评级与国外不同的一个重要方面。因为近年来，我国老龄化趋势非常严重，已经对地方财政收入和支出产生重大影响，在一定程度上决定了地方负债的水平和风险。除此之外，我国地方政府加大了对环境治理的投入，在一定程度上也形成了对财政支出的硬约束，在确定还款能力和支持增长水平时不能不考虑这一因素。

第五，地方政府对负债的经营管理能力和负债运营能力。西方国家以及我国信用评级机构从来没有关注过一国地方政府的经营管理水平和负债的应用能力，建议在完善我国地方政府负债风险评估时，一定要提高地方政府对所形成债务的运作能力和管理水平。因为地方政府的负债一般是还旧债借新债，如果管理水平和债务运作能力不足，很难使已有的负债发挥应有的作用或带来必要的收益。其中，一个应该重点考虑的因素是地方政府历史还款能力、地方政府有无专门的负债运行和管理机构以及地方政府领导人的经济金融认知能力等。这是我国最有地方特色的信用风险特点，是与西方国家截然不同的方面。

二、完善我国地方政府债务风险评估指标体系

1. 综合评级与评价指标体系

对地方政府负债的综合评级与评价指标体系，是地方负债风险评级最主要的指标体系。根据我国的特色以及与国际接轨的需要，建议如下：第一，地方政府的换届与主要负责人的任期对我国地方政府极为重要。不同的负责人有不同的想法，如果希望客观真实地评价地方政府负债风险问题，根据我国的实际情况，就必须考察本届政府主要负责人的任期和其对负债的态度与认识。第二，考察地方政府基础建设以及负债政策的连续性和持续性。持续性和连续性可以提高防范和抵御风险的预见性，否则抵御风险的预见性就会差一些。第三，地区的社会治安与公共秩序。这也是对地方政府负债以及负债风险影响重大的一个因素，我国评级机构一般不太关注这个问题，实际上这个问题是存在的甚至是影响重大的。第四，经济发展的可持续性和稳定性。目前我国不同地区的发展面临不同的问题，部分地区由于产业结构调整，经济的稳定性较差。这个指标还应该包括一些分指标，一是地方宏观经济的绩效，主要反映一个地区经济的健康和安全程度，包括经济增长水平、通胀程度、国内生产总值增势；二是经济发展的安全性，主要包括地区的产业结构、产业结构增加的比重、地区企业的负债水平和地区居民家庭的负债水平以及负债规模；三是一个地区对外贸易的依存度，过于依靠外贸和进出口也是一个风险点和需要特别关注的因素。第五，地区从金融系统可融资的能力，这一点在我国尤为重要。目前，我国许多地方政府的融资平台资金主要来自金融机构的贷款，项目债也主要依靠地方金融机构购买，必须将地方政府从金融机构的融资能力作为一个重要的指标加以考虑。

2. 公共财政水平

这是考核一个地区地方政府债务存量和增量风险的重要指标体系。对于我国来讲，还必须考察地方政府和上一级财政关系中是否存在硬约束的问题，这在一定程度上反映了地方政府的财政收支能力和偿还负债的能力。根据我国财政普遍不具备硬约束但硬性支出必须保证的特点，具体指标应该包括以下几点：首先，地方政府财政收入的规模和结构。主要包括关注地方政府的地方税种和赋税水平以及赋税能力、地方政府的收费政策和收费能力以及地方政府税收在财政收入中的比重、税收规模以及财政收入多样化程度，还应特别关注地方政府通过转移支付的可能规模和持续性等。其次，地方政府财政支出的规模和结构，包括财政总支出占 GDP 的比重，财政日常支出规模、财政支出的债务支付状况、政府对地方财政的管理能力和水平、根据中国现阶段的特点还应该考察和分析地方政府偿还负债的往日记录与违约记录等。最后，对现有债务和未来债务的预测，主要包括未来债务的规模和期限。由于中国经济正处在转型时期，存在的问题远比西方国家地方政府要复杂，根据中国现阶段的状况，还应该提防政府对国企的承诺、对地方融资平台的担保和对部分地方债券的隐性担保。

3. 地方政府对债务的管理能力和管理水平

这是目前我国对地方政府债务评级和风险提示中从未关注的一个重点。我国不同地方政府对地方债务的管理与运作能力是不一样的，这是一个客观存在的问题。长期以来，由于一些政治因素，在信用评级中是不探讨这个问题的，这样实际上掩盖了负债风险的矛盾。建议今后在对地方政府负债风险的评估中，将地方政府负债管理水平和能力作为一个重要的评级指标加入。为了准确反映这个问题，建议采纳的具体指标包括地方政府有无进行负债管理和运作的团队、地方政府主要负责人的专业素养、地方政府负债运作的监管机构是否存在、地方政府负债及运作的决策机制、地方政府负债的盈利水平等。另外，还要特别关注地方政府债务负担的透明度问题，是否有社会公众和专门的机构对政府负债和债务偿还进行监管，以及监管的力度问题。

4. 地方政府解决流动性的能力

主要是考察地方政府自有资金的融资能力。这里主要考察当利率汇率变动时，政府是否有能力解决还款中出现的债务因利率和汇率突然变动导致的还款规模增加的问题。鉴于我国对外开放步伐不断加快，人民币国际化速度也在不断加快，利率汇率的经常性波动，将会导致地方债券的规模扩大，因此，必须考察地方政府有无足够的流动性准备应对因利率汇率变化带来的流动性不足问题。

第三节　进一步完善我国地方债的评级方法

一、完善和灵活运用定性分析方法

我国地方债信用评级应借鉴以美国为代表的西方国家成熟的评级方法，即采用定性分析和定量分析两种方法，但同时应根据我国社会主义初级阶段的特色进行调整和灵活运用。定性分析方法一定要反映我国地方政府负债的历史发展规律和现实状况。根据我国地方政府的现实情况，宜采用清单打分的方法进行定性分析。也就是运用风险因素加权打分的方法，对被评估的地方政府、政治经济社会以及债务负担的历史和现实情况进行全面考察分析，筛选出最具有代表性的指标进行综合评价，并且进行反复修正，最终得出较为科学客观的结论。从目前我国的实际情况看，应重点考察和分析地方政府构架和财政管理体制。第一，对地方政府构架的定性，包括上级政府对其负债的授权、地方政府财政管理水平和管理能力。第二，对地方经济增长和发展定性，包括地方的宏观经济环境和微观经济环境、地方的经济地位（包括在全国和本省份）、地方经济状况和发展、地方的产业结构和未来的调整。第三，对地方财政状况的评价，包括地方的财政规模和未来的水平、地方财政支出的规模和结构、地方财政的平衡和未来的可持续性和稳定性。第四，对地方性债务负债能力和管理的评价，包括对地方性债务总量的评价、对地方性债务负担的评价、对地方性债务偿付能力的评价，特别是要增加对地方政府债务管理能力和管理措施的评价。第五，对地方政府治理水平的评价，包括对地方政府运行效率和服务能力的评价、对地方政府债务透明度的评价、对地方经济金融生态环境的评价，以及对地方政府未来发展战略的评价和战略的可持续性的评价。第六，对地方政府是否具有担保、是否具有征信措施的评价，是指地方政府负债后上一级政府是否提供担保，以及本地政府是否推出具有可抵押置换的财产对未来的偿债进行增信的措施。

二、定量分析

定量分析是指对地方政府负债风险使用数理模型和计算的方法进行负

债的风险分析。长期以来，我国对债务风险的分析侧重于定性，对定量分析用得较少。定量分析的一般过程是先设置风险因子，然后对每一个风险因子设定风险值，按照每一风险值得出各自权重，最后求得加权风险值，就是一个地方政府负债的风险值。常用的方法主要有判别分析法、主要成分分析模型、因素分析法、回归分析法等现行概率分析模型。

我国信用评级模型的运用起步较晚，目前还处于对西方国家地方政府负债评级的模拟阶段，虽然已经有一些成功的经验，但是总体上还是不成熟的，评级仍然是以定性为主，今后应该加大模型评级的力度。需要注意的是，我们不应该照搬西方数量评级模型，原因主要是我国地方政府财税体制与西方国家是根本不同的，会计和审计准则与西方国家差距也较大，这决定了我国地方政府负债信用评级的特殊性。但是，这并不是说我们不能用数理模型进行分析判断，关键是我们应该不断创造条件，不断完善我国地方政府相关的历史数据和现实数据，通过定量与定性相结合的方法使我们对我国地方债信用风险的评级更加科学、完整，更加真实和具有预见性。

第四节　进一步改善地方政府信用评估体系的约束环境

一、健全政府信息透明度与完善信息披露机制

一是健全和制定市政债信息披露法律法规。我国目前没有专门的信息披露法律法规，金融市场的分割使得大量信息不能及时传递给投资者，地方政府因种种原因不能及时披露信息或者隐瞒一些重要的信息，需要我国政府加强立法建设。完整的信息披露是金融市场的基本要求，也是风险防范的第一道闸门；如果没有完整的信息披露，任何风险都不可能充分暴露。二是应该在政府主管部门的领导下，建立全国统一的信息披露机构，完善相关信息披露机制，全口径的披露应该包括监管部门和金融市场掌握的所有数据，信息披露的统计口径、数据来源应该做一一说明，证明信息来源的可靠性。三是对于财务会计信息的披露最为重要，作为市政债发行的政府必须无条件地披露资金的财政预算及还款来源信息。对于地方政府的资产负债表需要在金融市场详细公布而不是以各种借口进行掩盖。披露的会计报表一定要包括发债人的资金流量表及偿债的保证措施等信息。

二、以法律手段约束评级机构行为

2008 年国际金融危机的教训表明，评级机构在利益的诱惑下极易与被评级主体形成利益共同体，因此，约束评级机构的行为极为重要，需要政府以立法的形式约束评级人的行为，要求评级人对自己的评级结论负法律责任。建议引进国际评级机构的盈利模式，将评级收入交由财政部门监管，根据评级风险情况交由第三方支付，有效规避因评价对象付费而导致的信用风险评级套利行为。

三、发展具有我国特色的信用评级理论与方法

由于政治制度的不同，我国在经济财政体制及债务管理模式和财政约束方面与西方国家差异较大，完全照搬国际评级方法和经验是不科学的。但是我国信用评级工作开展得较晚，无论是理论研究还是具体操作，与西方国家都存在一定的差距。为了走出一条具有中国特色的信用评级路子，我们要构建信用评级理论研究的框架，建立科学的信用评级方法和体系。针对我国分税制的特点和特殊的财政体制，我国应研究评级理论和评级体系与方法，同时积极实践，不断完善符合我国制度特点的评级指标体系和分析方法，吸收国际评级的先进做法，兼顾我国的实际特点。

四、建立一支高水平的信用评级人才队伍

与美国三大评级机构相比，我国的信用评级机构建立较晚，评级理论不成熟，方法不完善，特别是专业人才队伍严重不足，缺乏高水平的国际性评级人才，这些都在一定程度上制约了我国信用评级的发展。建立一支高水平的信用评级队伍和专业人才队伍是当务之急。要从实践中培养，从学习中培养，尽快与国际水平看齐，向国际先进经验学习，最终建立一支具有中国特色的信用人才评级队伍。

五、进一步规范地方政府融资职能

1. 中央应该严格控制地方政府发债的审批权

目前，我国在地方融资平台和市政债的置换过程中存在多种风险。地方政府融资平台相比地方市政债，无论是从风险还是从规范性来看，双方差距都很大，从风险防范和提高资金使用效率及规范性方面看，地方债是

最好的选择。地方政府通过发行市政债，不但可以增加地方可支配收入，还可以进一步协调中央和地方政府税收分权关系。2015 年，中央放开市政债发行不是无条件、无管理、无序放开的，原则是中央对市政债总量和对不同地方政府发债额度进行控制，防止发债过度膨胀。解决我国地方政府基础建设资金不足的问题，最终要靠中央和地方双方共同努力，在分税制条件下，地方不应该完全依靠中央的资金支持，而应该更好地发挥地方的主动性。市政债是一种较好的融资方式，但是，建立公开透明融资的机制，防止地方政府债务的过度膨胀，有效防范地方政府债务风险，社会的力量是中央政府之外最有效的方式。

2. 将规范地方政府融资职能纳入官员考核指标体系

第一，将负债作为地方政府主要官员考核的主要内容。我国中央财政对地方财政的软约束，导致地方政府在负债过程中存在道德风险，加上我国官员在考核方面比较注重对 GDP 的考核，如果将地方政府负债也作为考核的内容，将可以提高我国地方政府负债管理能力，做到负债的可持续发展。如果地方政府财政收不抵支或负债危机，从考核的角度必须追究地方官员的责任，从制度上避免地方官员的不负责行为，将地方政府负债与官员考核相结合，使我国地方政府发债形成一个良性运行机制。

第二，将地方债监管落到实处、落到专门机构。我国目前没有专门的市政债监管机构，我们可以借鉴美国监管的经验，将我国地方债的监管落实到证监会，信息披露由金融交易市场负责，地方债信用风险评级由专门的评级机构负责。目前这些机构设置齐全，但是对地方债的监管责任并不明确。地方债如果要健康发展，必须进一步完善监管体制。地方政府负债不可怕，但是监管缺失可能导致出现系统性的金融风险。健全地方债监管系统可以最大限度地保护投资者的利益，防范地区性的金融风险发展成为系统性的风险。

3. 完整披露发债信息，增加地方债信用透明度

信息披露是健全地方政府发债制度的一个基本条件，我国在地方债信息披露方面还要做更多的努力，主要原因是我国地方政府信息封锁、不透明，全国没有一家机构可以完整、全面地披露地方政府发债信息。金融市场的分割也造成我国债券市场信息收集不完全，信息披露极不完整，增加了地方政府信用信息向公众公布的难度，这极有可能导致投资者利益受损。债券市场如果想健康发展，应不断加大地方政府发行债券的透明度，健全信息披露制度是关键。社会共同行使监督权是监督政府信用的最有力的保

证，也是降低融资成本最好的保证。

4. 建立健全地方债风险预警系统和偿债机制

负债率应该成为地方政府防范发债风险的一个主要指标，建立负债风险防范预警机制，要求地方政府通过年度财政预算安排保证清偿债务的支出，要求各地政府建立长期具有稳定资金来源的财政清偿地方债基金，保证地方债的兑付和清偿。规避地方政府债务风险的另一个重要措施就是建立风险预警机制，将地方债务率、财政收入及硬性支出，全部纳入预警系统。如在地方政府负债率、还款率、债务期限结构等出现风险前，应及时反馈给地方政府和预警体系，帮助地方政府或者中央财政及时发现问题。同时，应采取措施保证地方政府债务与财政承受能力相配套，防止地方债风险转嫁到中央财政。

六、地方债融资需要重点照顾欠发达地区

自 2008 年国际金融危机以来，我国国内地区发展不平衡进一步拉大。美国之前也存在地区间发展不平衡问题，但美国联邦政府通过一定的政策扶持经济欠发达地区市政债的发展，以市场手段支持欠发达地区发债，加快了欠发达地区经济追赶速度。历史和现实的原因，我国也存在较为突出的区域经济发展不平衡问题，中央政府应该通过财政手段对地区差距进行调整，支持欠发达地区加大市政债融资力度，以兼顾发达与欠发达地区的不同基础设施建设需求。在所有地区基础设施建设资金都偏紧的背景下，增加欠发达地区的发债额度，可以起到支持欠发达地区发展加速追赶的作用。可以在一定程度上舒缓当前宏观调控中"紧张"的中央地方关系，从根本上防止多年来我国出现的地方与中央博弈的局面，不再走对中央政策执行打折扣的老路。但是也应该认识到，在市政债发行方面，公平和效率本就难以兼顾，中央财政要尽可能坚持公平原则，以体现发债机会和权利的均等，同时，为了避免负债行为在发达和欠发达地区之间进行攀比，应要求地方无条件服从中央的调控措施和一盘棋安排，以制度体现公平。

七、进一步改善我国地方金融生态环境

第一，完善我国地方政府金融生态环境。需要我国各地政府在法律环境上保护投资者利益而不是保护地方政府利益，坚决反对为地方利益损害投资者利益，这就要求地方政府严格按照市场规则办事，按照经济规律办

事而不是将地方利益放在首位。需要地方政府对投资者和本地政府利益同等对待，特别是在税收、财政补贴方面应与本地政府享受同等待遇。应从法律制度、投资制度和金融服务方面全面改进当地金融生态环境，形成良好的金融生态运作氛围，以吸引投资者。

第二，加快各交易市场的统一融合。我国债券市场目前是分割的，分为三个独立市场：银行间市场、交易所市场和柜台交易市场。这是监管制度和金融发展的历史性问题，但是从国家层面看，必须统一债券交易市场。封闭的交易市场不利于信息的完整披露，不利于市政债合理价格的形成；在割裂的金融市场，投资和信息不透明，融资成本上升，收益率缺乏真实性，不仅限制市政债自由流动，而且损害金融市场所有参与者的利益。必须在国家主导下建立和完善现有的债券市场，整合现有市场的功能，发展一个独立统一的债券市场，统一定价，统一信息披露，统一交易规则，统一监管规则，形成公开合理的市场价格，降低融资成本。

参考文献

[1] 潘俊，王亮亮，吴宁．财政透明度与城投债信用评级 [J]．会计研究，2016（12）：72-78.

[2] 崔国涛．证券公司资管业务差异化发展研究 [D]．北京：对外经济贸易大学，2017.

[3] 詹鹍鹏．地方债券发行的美国经验与国内实践 [J]．时代金融，2015（29）：14-15.

[4] 李定华．地方债信用评级咋全是 AAA？[J]．中国经济周刊，2014（39）：15.

[5] 林力．地方政府市政债信用评级制度研究：印度的经验及启示 [J]．地方财政研究，2015（7）：91-96.

[6] 应明．地方政府债券信用评级体系的国际经验及启示 [J]．金融与经济，2016（10）：69-71.

[7] 秦凤鸣，李明明，刘海明．房价与地方政府债务风险——基于城投债的证据 [J]．财贸研究，2016（5）：90-98.

[8] 肖阳，黄锐．面向过程模拟的存量城市土地开发基准数理模型构建——基于动态博弈视角 [J]．江苏商论，2016（11）：84-88.

[9] 余丰慧．拿什么归还到期地方债 [J]．商周刊，2014（13）.

[10] 徐艳飞，刘再起．市场化进程中地方政府经济行为模式与全要素生产率增长 [J]．经济与管理研究，2014（10）：36-44.

[11] 廖乾．完善地方政府债务管理机制：国际经营与启示建议 [J]．政策研究，2017（5）：38-42.

[12] 肖瑞卿．我国地方债信用评级指标构建问题研究 [J]．华北金融，2016（1）：23-26.

[13] 张凯云．我国地方政府信用评级现状及其完善——基于国内外评级机构比较分析 [J]．地方财政研究，2016（11）：84-88.

[14] 霍志辉，才进．新型城镇化背景下建立市政债券发行管理和评级

制度的有关设想［J］．债券，2014（5）：62-66.

［15］王子平．中国地方政府债券风险评估方法研究［D］．上海：上海交通大学，2012.

［16］国佃青．地方政府债务的违约风险与债券定价问题的探讨［D］．济南：山东大学，2012.

［17］贾康．地方财政问题研究［M］．北京：经济科学出版社，2004.

［18］李建平．中国省域经济综合竞争力发展报告（2009—2010）［M］．北京：社会科学文献出版社，2011.

［19］高帆．地方自行发债试点的双重功能与完善途径［J］．经济改革，2012（2）：47-50.

［20］贺春先．城投债现状问题研究［J］．现代商贸工业，2011（5）.

［21］谢群．中国地方政府债务研究［D］．北京：财政部财政科学研究所，2013.

［22］徐元东．中国地方政府债券风险与防范机制研究［D］．沈阳：沈阳大学，2013.

［23］孔祥龙．中国城投债信用风险及其影响因素研究［D］．成都：西南财经大学，2013.

［24］黄芳娜．对我国地方政府自主发债的展望［J］．财政金融，2011（20）：66-67.

［25］黄榕，沈坤荣．债权债务关系锁链的政治经济学分析——基于美国次贷危机与中国地方债的研究［J］．马克思主义研究，2012（9）.

［26］黄媛．我国地方政府发行地方债券的紧迫性分析［J］．改革与开放，2011（8）：92-93.

［27］李萍．地方政府债务管理：国际比较与借鉴［M］．北京：中国财政经济出版社，2009.

［28］刘琍琍．地方政府债务融资及其风险管理［M］．北京：经济科学出版社，2011.

［29］姜宏青．基于内部控制视角的地方政府债务风险控制研究［C］．中国会计学会2012年学术年会论文集，2012.

［30］李龙．我国地方政府债务风险预警与化解［D］．天津：南开大学，2012.

［31］陈杰．运用市政债券融资规避我国地方融资平台风险研究［D］．天津：南开大学，2013.

［32］刘尚希，于国安．地方政府或有负债：隐匿的财政风险［M］.
北京：中国财政经济出版社，2002.

［33］孙亦军．中国地方政府债务与融资平台问题研究［C］．中国经济
分析与展望（2012—2013），2013.

［34］王安兴，余文龙．收益曲线预测国债风险溢价研究［C］．第十四
届中国管理科学学术年会论文集（上册），2012.

［35］王军．解决地方融资平台问题不妨允许地方政府直接发行市政债
券［C］．中国与世界年中经济分析与展望（2010），2010.

［36］尚希．宏观金融风险与政府责任［M］．北京：中国财政经济出版
社，2006.

［37］史鑫．我国城投类企业债券信用评级方法的实证研究［D］．成
都：西南财经大学，2012.

［38］张旭．准地方政府债券信用增级问题研究与对策［D］．成都：西
南财经大学，2012.

［39］罗伯特·齐普夫．债券市场运作［M］．北京：清华大学出版
社，1998.

［40］欧阳勋．经济学原理［M］．中国台北：三民书局股份有限公司，
1985：212-217.

［41］盛洪．中国的过渡经济学［M］．上海：上海三联书店，2000.

［42］吴辉，殷明曦．地方政府融资平台的债务风险评估研究［C］．中
国区域经济，2012（5）.

［43］徐建国．地方债折射财政金融体制落后［C］．2012年春季CMRC
中国经济观察，2012.

［44］陆小妹．我国城投债信用风险问题的研究［D］．成都：西南财经
大学，2012.

［45］王建升．我国地方政府债券信用风险研究［D］．成都：西南财经
大学，2013.

［46］王铁军．中国地方政府融资22种模式［M］．北京：中国金融出
版社，2006.

［47］杨大楷，周成跃，郭如蜜．国债市场体系［M］．上海：上海财经
大学出版社，2010.

［48］陈彩虹，陈东平．乡镇债务的动态考察——基于159个乡镇的时
期数据［C］．2012管理创新、智能科技与经济发展研讨会论文集，2012.

［49］张佳，张英杰．国际评级机构对于地方政府评级方法的研究——以穆迪、标普为例［J］．债券，2013（11）：59-63.

［50］叶振鹏，张馨．双元结构财政——中国财政模式研究［M］．北京：经济科学出版社，1995.

［51］大公国际资信评估有限公司．大公地方政府信用评级方法［R/OL］．http：//www. dagongcredit. com/index. html.

［52］中诚信国际信用评级有限责任公司．中诚信国际信用评级有限责任公司评级方法（地方政府）［R/OL］．http：//www. ccxi. com. cn /245 /285 /2080 /YjfxInfo. html.

［53］中债资信评估有限责任公司．中国地方政府主体信用评级方法［R/OL］．http：//www. chinaratings. com. cn /CreditRating /Technical /Method/.

［54］鹏元资信评估有限公司．中国地方政府评级方法［R/OL］．http：//www. pyrating. cn /zhcn /technology /pingjifangfa /difangzhengfupingji.

［55］陈志勇，庄佳强．地方政府信用评级方法比较及在我国的应用［J］．财政研究，2014（7）：25-28.

［56］Fisher. State and Local Public Finance［M］．北京：中国人民大学出版社，2000.

［57］闫明，顾炜宇．我国地方政府信用风险评级体系构建：框架与方法［J］．中央财经大学学报，2014（3）：47-54.

［58］李永，胡向红，乔箭．改进的模糊层次分析法［J］．西北大学学报：自然科学版，2005（35）：11-12.

［59］黄国平．评级功能视角下的利益冲突和付费模式［J］．证券市场导报，2012（10）：67-72.

［60］杨胜刚，张润泽．政府信用评级与市政债券发债规模探讨［J］．现代财经，2011（5）.

［61］李腊生，耿晓媛，郑杰．我国地方政府债务风险评价［J］．统计研究，2013（10）.

［62］黄芳娜．中国地方政府债务管理研究［D］．北京：财政部财政科学研究所，2011.

［63］郭英，余建波．中国市政债券安全规模分析［J］．广东金融学院学报，2012（1）.

［64］审计署．全国政府性债务审计结果［R］．中国国家审计

署，2013.

[65] 李远航. 中国债券市场货币政策传导有效性研究 [D]. 长沙：湖南大学，2011.

[66] 贺俊程. 我国地方政府债券运行机制研究 [D]. 北京：财政部财政科学研究所，2013.

[67] 韩立岩，郑承利，罗雯，等. 中国市政债券信用风险与发债规模研究 [J]. 金融研究，2003(2).

[68] 韩立岩，郑承利，杨哲彬. 基于模糊期权的市政债券信用风险分析 [J]. 模糊系统与数学，2004（18）：233-237.

[69] 吴晓军，薛惠锋，李懋. GA-PSO 混合规划算法 [J]. 西北大学学报（自然科学版），2005（35-1）：39-43.

[70] 林建设. 中国地方政府债务问题研究 [D]. 大连：东北财经大学，2011.

[71] 叶振鹏. 20 世纪中国财政史研究概要 [M]. 长沙：湖南人民出版社，2005.

[72] 张海星. 公共债务 [M]. 大连：东北财经大学出版社，2008.

[73] 张宇. 转型期政府投资的多效应分析 [M]. 北京：人民出版社，2008.

[74] 郑永年. 中国模式：经验与困局 [M]. 杭州：浙江人民出版社，2010.

[75] 中国地方债务管理研究课题组. 公共财政研究报告——中国地方债务管理研究 [M]. 北京：中国财政经济出版社，2011.

[76] 巴曙松. 从城投债到市政债券：成熟市场的经验 [J]. 观点，2009（11）.

[77] 白艳娟，谢思全. 地方政府发展中的城投债分析 [J]. 中国发展，2012（4）.

[78] 陈锋. 我国发行地方债的理论依据和可行性研究 [J]. 内蒙古财经学院学报，2002（1）.

[79] 陈其华. 关于地方政府性债务管理的几点思考 [J]. 中国乡镇企业会计，2012（10）.

[80] 陈少强. 中央代发地方债研究 [J]. 中央财经大学学报，2009（7）.

[81] 陈翊. 关于我国发行地方政府债券的几点思考 [J]. 温州大学学

报（社会科学版），2004（2）：13-16.

[82] 地方公债与地方经济的发展课题组．发展省级地方政府公债的若干问题的思考 [J]．财政研究，1999(11).

[83] 贾康，李炜光，刘军民．关于发展中国地方政府公债融资的研究 [J]．经济社会体制比较，2002(5).

[84] 部东涛．中国地方债的治理对策 [C]．中国经济分析与展望（2011—2012），2012.

[85] 贾康，孟艳．运用长期建设国债资金规范和创新地方融资平台的可行思路探讨 [J]．前沿论坛，2009（8）.

[86] 金大卫．我国地方政府发债：制度根源、风险控制、法律规范 [J]．财政研究，2010（1）.

[87] 金永军，陈柳钦，万志宏．2009 年地方债：制度博弈的分析视角 [J]．经济科学，2009（10）.

[88] 林权．我国国债政策的可持续性研究 [J]．沈阳干部学刊，2012（5）.

[89] 刘爱清．日本的地方债及其对我们的启示 [J]．中山大学学报，1998（1）.

[90] 史鑫．我国城投类企业债券信用评级方法的实证研究 [D]．成都：西南财经大学，2012.

[91] 张旭．准地方政府债券信用增级问题研究与对策 [D]．成都：西南财经大学，2012.

[92] 刘立刚，陈少强．中国应允许地方政府举债吗 [J]．世界经济，2004（4）.

[93] 刘尚希．中国：市政收益债券的风险与防范 [J]．管理世界，2005（3）.

[94] 刘尚希．中国政府债务风险的一个初步判断 [J]．管理世界，2003（3）.

[95] 刘少波，黄文青．我国地方政府隐性债务状况研究 [J]．财政研究，2008（9）.

[96] 马海涛，吕强．我国地方政府债务风险问题研究 [J]．财贸经济，2004（2）.

[97] 马跃敏，张义栋．城镇化建设的财政政策选择——呼唤市政建设债券发行 [J]．经济工作导刊，2003（12）：4-5.

［98］毛寿龙．市政债券与治道变革［J］．管理世界，2005（3）．

［99］张少岩，张惠．关于我国发行地方公债的探讨［J］．当代经济研究，2004（1）．

［100］中国社科院《中国经济形势分析与预测》课题组．允许地方政府发债但应加以规范［J］．领导决策信息，2005（41）．

［101］周小川．区域金融生态环境建设与地方融资的关系［J］．中国金融，2009（16）．

［102］周沅帆．我国地方政府投融资平台资金来源及偿债能力研究［J］．金融监管研究，2012（5）．

［103］朱琳琳，董雪艳，杨艳秋．关于我国地方政府发行债券问题的研究综述［J］．绿色财会，2012（10）．

［104］师鉴．中国城市基础设施市政债券融资问题研究［D］．大连：东北财经大学，2005．

［105］周平．城市建设中的市政债券融资研究［D］．上海：华东师范大学，2002．

［106］康英，薛惠锋．国家信用风险评估模型［J］．西安工业大学学报，2009（29-4）：396-399．

［107］巴曙松，王劲松，李琦．从城镇化角度考察地方债务与融资模式［J］．中国金融，2011（19）：20-22．

［108］王薇．我国城镇化进程中的新型融资模式［J］．安庆师范学院学报（社会科学版），2012（12）：62-65．

［109］王蕴，胡金瑛，徐策．我国地方政府债务性融资模式选择［J］．经济研究参考，2012（2）：60-81．

［110］马亭玉，刘泽龙．基于改进的 KMV 模型的地方政府债券信用风险的度量的研究［J］．财政金融，2012（10）：57-58．

［111］安国俊．地方政府融资平台风险与政府债务［J］．中国金融，2010（7）．

［112］刘澄，王大鹏．基于 KMV 模型的市政债券信用风险管理问题研究［J］．中国管理信息化，2011（9）．

［113］蒋忠元．地方政府债券发行过程中的信用风险度量和发债规模研究——基于 KMV 模型分析江苏省地方政府债券［J］．经济研究导刊，2011（19）．

［114］周天勇．地方政府发债与公共项目建设［J］．西部财会，2005

(7).

[115] 裴育,欧阳华生.我国地方政府债务风险预警理论分析 [J].中国软科学,2007(3).

[116] 徐佳.建立地方政府债务风险预警指标体系 [J].中国财政,2008 (11).

[117] 赵晔.现阶段中国地方政府债务风险评价与管理研究 [D].沈阳:辽宁大学,2009.

[118] 章志平.中国地方政府债务风险灰色评估和预警 [J].统计与决策,2011 (15).

[119] 郭文英,李江波.北京市政债券安全发行规模探讨 [J].首都经济贸易大学学报,2010 (4).

[120] 李萍,许宏才,李承.财政体制简明图解 [M].北京:中国财政经济出版社,2010.

[121] 林好常.论我国市政债券市场的建立和发展 [J].财经研究,1999 (1).

[122] 余传贵.论建立市政债券市场 [J].经济问题探索,2000 (1).

[123] 田宏伟,张维.信用风险的动态测量方法 [J].南开管理评论,2000 (1).

[124] 朱世武,应惟伟.国债发行规模的实证研究 [J].金融研究,2000 (11).

[125] 孟亚平.金融支持中国城镇化建设的开行模式 [J].中国金融,2011 (19):17-19.

[126] 贾康,孙洁.城镇化进程中的投融资与公私合作 [J].中国金融,2011 (19):14-16.

[127] 潘胜强.城市基础设施建设投融资管理及其绩效评价 [D].长沙:湖南大学工商管理学院,2007:51-52.

[128] 李金波.地方政府融资的 PPP 模式:应用与分析 [J].中国市场,2011 (16):37-41.

[129] 杨农.以市场化的理念创新地方融资模式 [J].中国金融,2011 (19):23-25.

[130] 董飞.基于期权理论的 KMV 模型演进 [J].北方经济,2009.

[131] 李世伟,丁胜.信用风险度量模型 [J].中国科技信息,2009 (1).

［132］吴泗宗．"期权定价模型"获诺贝尔经济学奖引发的思考［J］．价格月刊，1998（2）．

［133］齐天翔，葛鹤军．基于信用利差的中国城投债信用风险分析［J］．投资研究，2012（1）．

［134］戴国强．我国企业债券信用利差宏观决定因素研究［J］．财经研究，2011（12）．

［135］杨明．市政债券的信用风险与发行规模研究［J］．黑龙江金融，2011（1）．

［136］张志华，周娅，尹李峰，等．美国市政债券管理研究［J］．经济研究参考，2008（22）：16-20.

［137］宋立．地方公共机构债券融资制度的国际比较及启示——以美国市政债券与日本地方债券为例［J］．经济社会体制比较，2005（3）：76-83.

［138］赵连友．美、日地方公债制度的比较研究及其借鉴［J］．郑州经济管理干部学院学报，2007（1）：37-40.

［139］韩立岩．市政债券的风险识别与控制策略［J］．管理世界，2005（3）：58-66.

［140］杨萍．发展市政债券市场的相关问题研究综述［J］．经济研究参考，2006（33）：24-28.

［141］冯兴元．论城市政府负债与市政债券的规则秩序框架［J］．管理世界，2005（3）：29-42.

［142］陈超等．我国企业债券融资、财务风险与债券评级［J］．当代财经，2008（2）：39-48.

［143］张海星．美、日地方公债及启示［J］．财经问题研究，2001（2）．

［144］杨辉．市政债发行规则与制度研究［M］．北京：经济科学出版社，2007.

［145］杨涛．市政债券：经验、背景与前瞻［J］．中国城市金融生态环境评价，2005.

［146］张伟，邹玲．关于我国发行市政债券问题的探讨［J］．海南金融，2007.

［147］吕立新．中国市政债券若干问题的思考［J］．中国经济时报，2006（2）．

［148］姜新旺，黄劲松．Credit Metrics 模型及其对我国商业银行的适用

性 [J]. 财经论坛, 2005 (9): 107-108.

[149] Ales Melecky, M Machacek. The Role of National and Supranational Fiscal Rules—International Evidence and Situation in the Czech Republic [J]. Journal of Applied Economic Sciences, 2011.

[150] Benigno P, M Woodford. Optimal Targeting Rules for Monetary and Fiscal Policy International Finance Discussion Papers [R]. Board of Governors of the Federal Reserve System, 2003: No. 806.

[151] Credit Suisse. Credit Risk + A Credit Risk Management Framework [J]. Credit Suisse Financial Products, 1997.

[152] Darrell Dufle and Kenneth J. Singleton. Credit risk: pricing, measurement, and management [J]. Princeton University Press, 2003.

[153] Fitch Ratings. International Rating Methodology for Regional and Local Governments [J]. Fitch Ratings, 2012.

[154] Fitch. International Local and Regional Governments Rating Criteria [R/OL]. www. fitchratings. com, 2015.

[155] Fitch. Local Government Tax_Supported Rating Criteria [R/OL]. http: //www. fitchratings. com.

[156] Frank J Fabozzi. Bond Markets: Analysis and Strategy [M]. Prentich Hay, 2007.

[157] Geoge Koptis, S Symansky. Fiscal Policy Rules [R]. IMF occasional paper, 1998: No. 162.

[158] Irina N. K & Svetlozar T. R. Value at Risk: Recent Advances [J]. Chapman & Hall/CRC, 2000: 801-858.

[159] JIMF. Fiscal Monitor Report [R]. Fincal Monitor Report, 2012.

[160] Judy Wesalo Temel. The Fundamentals of Municipal Bonds [M]. Modern Press, 2009.

[161] Lucas, D. J. Default correlation and credit analysis [J]. Journal of Fixed Income (March), 1995: 76-87.

[162] Mede Erickson, Austan Goolsbee, Edward Maydew. How prevalet is Tax Arbitrage? Evidence from the Market For Municipal Bonds [C]. NBER Working Paper, 2002.

[163] Mercalf. The role of federal taxation in the supply of municipal bonds: evidence from municipal governments [J]. National Tax Journal, 1991 (44).

［164］ Merton R. On the pricing of corporate debt: The risk structure of interest rates ［J］. Journal of Finance, 1974 （28）: 449-470.

［165］ Michel Crouhy, Dan Galai, Robert Mark. A comparative analysis of current credit risk models ［J］. Journal of Banking & Finance, 2000 （24）: 59-117.

［166］ Moody. Moody-Rating Methodology Regional and Local Governments ［S］. Moody Global Credit Research: Moody's Investors Service, 2013.

［167］ Moody. US Local Government General Obligation Debt ［R/OL］. http: //www. moodys. com.

［168］ Moody. Regional and Local Governments Outside the US ［R/OL］. http: //www. moodys. com.

［169］ Standard & Poor. Methodology for Rating International Local and Regional Governments ［R/OL］. http: //www. standardandpoors. com/.

［170］ Standard & Poor. US. Local Governments General Obligation Ratings: Methodology and Assumptions ［R/OL］. http: //www. standardandpoors. com/.

［171］ Standard and Poor's. International Local and Regional Governments Rating Methodology ［R］. Standardand Poor's, 2011.

［172］ Philippe Michel, Thadden, Vidal. Debt Stabilizing Fiscal Rules ［R］. ECB Working Paper, 2006: No. 576.

［173］ Schmitt Grohe Stephanie, Uribe Martin. Optimal Fiscal and Monetary Policy under Sticky Prices ［J］. Journal of Economic Theory Elsevier, 2004 （2）: 198-230.

［174］ Vasicek O. A. Credit Valuation ［R］. KMV Corporation, Revision Edition, 1999.

［175］ US Municipal Bond Defaults and Recoveries 1970 - 2012 ［S］. Moody's Investors Services, 2013 （5）.

［176］ US State Government Tax-Supported Rating Criteria ［S］. Fitch Ratings, 2012 （8）.

附件一

房地产价格波动对地方债务风险的影响研究[①]

——以广东省为例

摘　要：本文以广东省作为实证对象，引进多元统计分析模型，从影响地方政府负债的重要因素出发，以土地价格与房地产价格的变动为变量，对影响的重要性进行分析，结论是房地产及土地价格变动对地方政府负债影响重大。目前，中央政府在治理整顿地方政府超规模负债和隐性负债问题，从房地产及土地价格变动对地方政府负债的影响程度来看，土地财政是难以为继的。

关键词：地方政府负债　房地产价格　土地财政

2016 年以来，一些地方政府违法违规举债融资问题时有发生，部分金融机构对融资平台公司等国有企业提供融资时仍要求地方政府提供担保承诺，部分政府和社会资本合作（PPP）项目、政府投资基金等存在不规范现象。针对上述问题，财政部会同国家发展改革委、司法部、人民银行、银监会、证监会专门印发的《关于进一步规范地方政府举债融资行为的通知》（财预〔2017〕50 号）指出，进一步规范地方政府举债融资行为，依法明确举债融资的政策边界和负面清单，牢牢守住不发生区域性系统性风险底线。而经过长期研究，我们认为，房地产及土地价格变动是影响地方政府举债的一个重要因素。所以，本文以房地产及土地价格变动为研究对象，通过对广东省有关房地产数据进行分析研究，将房地产价格波动以及土地财政的参与程度等变量引入 KMV 模型中，测算房地产及土地价格变动对广东省地方政府负债的影响程度，提出防止房地产及土地价格变动加剧广东省政府负债的政策建议。

[①]　本文原载于《价格理论与实践》2017 年第 8 期。

一、相关研究文献综述

关于地方政府市政债发行债券的问题，国内外学者做了大量的研究。国外对地方政府市政债发行债券的研究主要集中在两方面：一方面，对市政债效用的认识。W Bartley Hildreth（2005）对美国近 30 年的市政债发展做了全面的研究，结果表明市政债在为地方政府扩大基建和提供公共服务方面做得较好，他认为 1986 年的税法改革影响深远，规范的评级制度对投资者影响巨大。由于市政债被美国各州广泛接受，众多经济学家研究认为市政债在其他国家也具有普遍意义。如 James Leisland（2004）建议新兴市场经济国家要根据各自的特色，推行有关市政债的合理的政策与措施，他认为一定会取得如美国市政债一样的成就。另一方面，对市政债风险评级的做法与相关问题的分析。西方经济学家关于信用评级的研究思路方面由两大部分组成：一是如何选择恰当的地方政府债信用水平的综合指标体系；二是选择一定的评级方法。经济变量（包括人口数量与人均收入增长）与财务变量（税收率和税收收入）、财务与会计指标都成为重要指标。标普认为经济变量权重影响最大。Stephanie（2001）认为，应采用判别式评级，它是具有最强判别能力的变量，使评级结果的真实性提高。

国内对地方政府市政债的研究包括：一是关于市政债经济效应的研究。储敏伟、高凤敏（2005）认为，我国发行市政债将导致货币供给增加，增大潜在通货膨胀的压力。对于市政债的发行，贾康（2002）是最坚定的支持者，他坚持认为，只要规模得当、严格审批程序，市政债发行不但不会扩大货币发行，反而会增强中国宏观调控作用。在关于我国区域经济差异太大，发债将导致"马太效应"的认识方面，我国理论研究人员没有分歧。刘尚希（2016）认为在当前经济新常态的背景下，中国宏观经济取向发生重大转变，实现稳增长与调结构的平衡成为实施积极财政政策的重要目标，财政政策正由总量型向结构型转变。政策的实施依据经济增长、经济结构与债务规模的变化进行调整。

二是关于发债主体资格研究。发债主体必须控制到省一级政府是地方公债与地方经济发展课题组（1999）和陶雄华等人（2002）的认识，他们认为，省级以下政府大局意识较差，风险难以控制。建议将发债主体扩大到一定规模的城市是傅志华（2001）、贾康、李炜光（2003）的观点，他们认为这些城市具有土地升值价值和较好的经济发展潜力。我国所有学者都不支持在贫困地区发债。聂新伟（2016）从委托—代理理论出发构建了评价政府信用体系的理论框架，并以此理论阐述了政府债务风险的形成。温来成（2016）在吸收已有研究成果基础上，提出了包括经济发展、财政收支、债务负担、体制环境四大要素的内部评估体系，以及新的要素权重确定方法和评估思路。有关土地和房地产价格与地方政府债之间的研究一直很少，特别是近几年几乎没有相关的研究成果。自 2017 年 5 月 16 日财政部和国土资源部联合发布《地方政府土地储备专项债券管理办法（试行）》（财预〔2017〕62 号）以来，很多机构才开始对土地与地方债的相关问题展开研究，如李吉栋、王保林（2017）对地方政府债风险管理与房地产、土地价格的融资关系进行了简单的描述，但目前的这些研究都仅停留在如何完善地方政府专项债券管理，规范土地储备融资行为，建立土地储备专项债券与项目资产、收益对应的制度等制度层面，对于房地产及土地价格的波动对地方债务风险的影响没有进行过详细的分析，本文就此方向展开研究，希望可以提供一些建议。

二、关于房地产及土地价格波动对地方债务风险的影响分析

（一）房价的波动对地方政府债违约风险的影响

国际金融危机以来，我国地方政府将土地收入和房地产收入作为地方政府一个重要的财政资金来源，甚至部分地方土地出让金已经占到当地政府财政收入的一半，对于这部分地区地方政府来说，土地价格的波动就是地方政府财政风险的波动。本文将用广东省的房价数据来证明房地产价格波动对地方政府债务风险的影响，分析房地产价格对地方政府债务的影响，并首先提出假设 1：房地产价格越高，土地的价格也越高。

（二）土地财政依赖度对房价与城投债风险关系的影响

近几年，我国大部分地区房价都在快速上涨，而房地产价格的波动又影响着地方政府财政收入及财政实力，实质上导致房地产价格波动成为决定地方财政负债能力的重要因素。房地产价格的波动受国家宏观政策影响较大，地方政府土地财政依赖度过高，政策一有变动，地方政府违约风险就会增加。我们提出假设 2：对土地财政依赖度较高的地方政府来说，房地产价格越高，对地方政府负债能力的影响越大。

（三）地方政府对一级土地市场参与度与地方政府负债的影响

在 2015 年严格意义上的"地方政府债"出现之前，各地方政府的负债很大程度上依托各类地方融资平台来完成。2000—2016 年，全国地级及以上建制城市的政府融资平台参与土地交易整体呈上升趋势。2009—2012 年，地方政府融资平台共完成土地交易 3395 笔。地方政府参与一级土地购地的比例也在迅速上升，在 2006 年所有地级及以上级别的城市中，仅 1.7% 的城市其融资平台在一级土地市场上购地，可是到 2012 年，这一比例达到了42%，随后一直呈上升趋势，这种情况直到 2017 年才有所调整。

如果地方政府对土地财政的依赖度与土地市场购地呈正相关，那么说明地方政府过度依赖土地财政并促使政府积极参与土地交易。我们提出假设 3：地方政府对土地财政的依赖度越高就越会促使地方政府融资平台参与一级土地市场的购地交易，从而对地方债信用风险的影响越大。

三、房地产及土地价格的波动对地方政府债务风险影响的实证分析

（一）全省有关数据的选择与统计口径的确定

本文选取广东省实证检验标的，主要原因有：（1）广东省整体的债务风险指标较低，作为在全国具有一定代表性。（2）广东省债务风险比较低，具有很强的研究性。（3）广东省的市政负债风险研究对于研究我国债务风险具有一定的延展性。

本文模型所选取的数据和统计口径均来自广东省财政厅提交至省人大审议通过的 2015 年《政府性债务审计结果》以及广东省财政厅网站公布的《广东省 2016 年预算执行情况》和《2017 年预算草案（附件二）》。

（二）模型建立

本文以 2010—2016 年广东省主要城市月度"住宅平均价格"作为住宅价格衡量指标，将月度指数进行简单平均得到年度平均住宅价格。在样本量方面，将房地产数据、城投债数据与地级市数据进行匹配。整体模型设计如下：

$$Rate = \alpha + \beta_1 \times House + \beta_2 \times Earn/Fiscal + \beta_3 \times Earn/Fiscal \times Dummy + \beta_4 \times Control + \varepsilon \tag{1}$$

其中，$Rate$ 是信用利差，$House$ 是房价数据，$Control$ 是控制变量；表示发

债城市的具体经济指标包括发债城市的生产总值数据（GDP）、城市的财政收入数据（Fiscal）、城市的一般财政支出数据（Cost）、发债主体的经营财务指标、总资产（Asset），以及资产负债水平（Leverge）六个变量；土地出让收入为 Earn，则 Earn/Fiscal 代表土地出让金额占整体财政收入数据的比例。借鉴周彬等（2010）采用土地出让收入与地方政府一般预算内财政收入的比值来衡量，将样本分为政府对土地财政依赖度高于 67.7% 分位数的子样本和政府对土地财政依赖度低于 33.3% 分位数的子样本进行回归，在原先模型的基础上添加哑元变量 Dummy，其为 1 代表了高于 67.7% 分位数的城市，其为 −1 代表了低于 33.3% 分位数的城市，为 0 代表了处于中间位置的城市。如果 H_1 成立，则 β_3 的数值应该显著，如果为正，说明房价越高，地方政府土地财政依赖度越大，房地产价格对城投债风险的影响力也就越大，为负值则相反。

（三）实证检验

假设条件 H_1：土地财政依赖度会对房价与城投债的风险关系产生影响。

1. 样本选择与数据来源

本文通过 OLS 回归进行分析，采用沪深债券市场和银行间债券市场 2010—2016 年发行的广东省内城投债数据作为初始样本，剔除短期融资券、中期票据、可分离转债存债、资产支持证券等，只保留公司债和企业债，并且删除相关数据（如财务数据、融资成本）缺失的债券，共得到 315 只城投类公司债和企业债（见表 1）。

表 1 2010—2016 年广东省各地市城投债发行情况

单位：亿元、年、元、%

代码	名称	发行总额	期限	发行价格	票面利率（发行参考利率）
011698981.IB	16 粤广业 SCP005	5.00	0.74	100.00	3.9200
101652047.IB	16 珠海华发 MTN002	22.00	5.00	100.00	4.9000
011698916.IB	16 中山城投 SCP001	5.00	0.74	100.00	3.5200
136861.SH	16 恒健 02	30.00	5.00	100.00	3.4500
011698893.IB	16 粤交投 SCP001	10.00	0.74	100.00	3.2000
136837.SH	16 穗发 01	30.00	5.00	100.00	3.2800
011698862.IB	16 佛公用 SCP010	5.00	0.74	100.00	3.3500
101658069.IB	16 深圳水务 MTN002	2.00	3.00	100.00	3.3400
011698776.IB	16 珠海华发 SCP007	20.00	0.74	100.00	3.0900
101656051.IB	16 粤交投 MTN002	10.00	5.00	100.00	3.3900

续表

代码	名称	发行总额	期限	发行价格	票面利率 （发行参考利率）
011698738. IB	16 广新控股 SCP009	10. 00	0. 74	100. 00	3. 0200
011698737. IB	16 恒健 SCP003	10. 00	0. 49	100. 00	2. 7500
011698685. IB	16 珠海华发 SCP006	20. 00	0. 74	100. 00	3. 1000
011698656. IB	16 佛公用 SCP009	6. 00	0. 74	100. 00	2. 8900
139260. SH	16 韶关债	10. 00	8. 00	100. 00	3. 6700
1680422. IB	16 韶关债	10. 00	8. 00	100. 00	3. 6700
041666014. IB	16 深圳水务 CP002	4. 00	1. 00	100. 00	2. 7900
011698550. IB	16 恒健 SCP002	20. 00	0. 49	100. 00	2. 6400
101654089. IB	16 广新控股 MTN001	20. 00	5. 00	100. 00	4. 1800
101652039. IB	16 珠海华发 MTN001	20. 00	5. 00	100. 00	3. 9500

资料来源：同花顺。

2. 实证分析

首先考察房价对城投债风险的影响，然后探讨对于不同土地财政依赖度的地区发行的城投债、信用评级不同的城投债，房价的影响是否存在差异，实证模型如下：

$$Rate = \alpha + \beta_1 \times House + \gamma_1 \times Cost + \gamma_2 \times Fiscal + \gamma_3 \times GDP + \gamma_4 \times Asset + \gamma_5 \times Leverage + \varepsilon \tag{2}$$

从表 2 结果可以看出，在 0.05 的显著性水平下，除了城市的一般财政支出数据（Cost）以外，其他变量对城投债均有显著影响。其中，房地产价格和利差表现为负相关。说明在广东省各个城市中，经济发展水平越高的城市其城投债违约风险越低，相对的利差范围也越窄。

表 2 主要变量统计分析

变量	系数	标准差	t 值	Prob.
Cost	0. 302766	0. 196025	1. 544531	0. 1409
Fiscal	−0. 011065	0. 002912	−3. 800584	0. 0014
GDP	−0. 000468	0. 000142	2. 932674	0. 0301
House	−0. 000626	0. 000136	4. 616969	0. 0002
Asset	−0. 000378	0. 000124	3. 048372	0. 0019
Leverege	−0. 423806	0. 157923	2. 683345	0. 0482
R-squared	0. 883426	Mean dependent var	5. 187452	
Adjusted R-squared	0. 799913	S. D. dependent var	0. 757354	

变量	系数	标准差	t 值	Prob.
S. E. of regression	2. 510866	Akaike info criterion	4. 848776	
Sum squared resid	107. 1756	Schwarz criterion	5. 047733	
Log likelihood	−46. 91215	Hannan−Quinn criter.	4. 891955	
Durbin−Watson stat	1. 039412			

3. 土地财政依赖度的影响研究

为了探讨不同土地财政依赖度下房地产价格水平对政府负债风险影响力的异质性，将样本分为政府对土地财政依赖度高于 67.7% 分位数的子样本和政府对土地财政依赖度低于 33.3% 分位数的子样本并进行回归，在原先模型的基础上添加哑元变量 Dummy，其为 1 代表了高于 67.7% 分位数的城市，其为 −1 代表了低于 33.3% 分位数的城市，为 0 代表了处于中间位置的城市，模型（2）变形为

$$Rate = \alpha + \gamma_1 \times Cost + \gamma_2 \times Fiscal + \gamma_3 \times GDP + \beta_1 \times House + \beta_2 \times EF + \beta_3 \times EFD + \beta_3 \times Housed + \gamma_4 \times Asset + \gamma_5 \times Leverage + \varepsilon \qquad (3)$$

参数拟合结果见表 3。

表 3　主要变量统计分析

变量	系数	标准差	t 值	Prob.
Cost	−0. 075667	0. 152845	−0. 495059	0. 6295
Fiscal	−0. 019784	0. 008530	−2. 319475	0. 0388
GDP	−0. 000949	0. 000396	2. 399152	0. 0336
House	−0. 001149	0. 000263	4. 362425	0. 0009
EF	0. 111088	0. 034441	3. 321930	0. 0040
EFD	0. 127347	0. 012517	10. 86786	0. 0001
Housed	−0. 001387	0. 000472	2. 96735	0. 0198
Asset	0. 000443	0. 004884	0. 090599	0. 9293
Leverege	−0. 002166	0. 002659	−0. 814700	0. 4311
R−squared	0. 816942	Mean dependent var	5. 187452	
Adjusted R−squared	0. 784903	S. D. dependent var	0. 757354	

EF 代表了 Earn/Fiscal，即地方政府依赖程度，EFD 则是地方政府土地财政依赖程度和哑元的二项相交，即（Earn/Fiscal）× Dummy。从结果可以看出，地方政府土地财政依赖程度和城投债水平呈正相关性，土地依赖度

水平的系数其实是 EF 与 EFD 的系数之和。当哑元为 0 时，即中间水平的城市，土地依赖程度为 0.111；如果对土地财政依赖程度高，则其系数为 0.111+1×0.127=0.238，即土地财政依赖度高的城市城投债风险度也越高。而对于土地财政依赖度低的城市，其影响系数为 0.111-1×0.127=-0.016，城投债风险将会降低。$HouseD$ 代表了房地产价格不同依赖水平城市之间的二项相交，即 $House × Dummy$。$House$ 和 $HouseD$ 系数相加才能够表明房地产价格在不同依赖水平城市对于城投债风险的影响。当哑元为 1 时，系数为 -0.0011-0.0014=-0.0025；当哑元为 0 时，系数为 -0.0011；当哑元为 -1 时，系数为 -0.0011+0.0014=0.0003。这说明依赖度高的城市其城投债风险对房地产价格波动的敏感度高。

四、结论与建议

（一）研究结论

本文采用 2010—2016 年广东省所有城市的城投债面板数据考察房地产价格对政府负债风险的影响，通过实证得到以下结论：地方财政对土地交易依赖度高的城市其城投债风险对房地产价格波动的敏感度高，同时房地产价格和土地价格的波动对地方政府债务的影响也越大。通过实证结果的分析，我国地方政府负债风险与房地产价格以及土地市场的参与度密切相关，通过降低地方政府干预房地产价格的能力以及逐步限制地方政府对土地市场交易的参与度，可以减弱这些因素对地方政府负债的影响。

（二）对防止我国地方政府过度依赖土地财政和房地产收入负债的政策建议

1. 加大中央对地方政府土地财政的管理力度

建议中央政府通过调控地方政府使用土地财政的权限来降低地方政府对土地财政的依赖度，防止地方政府将土地作为负债的一个重要手段，防止将房地产开发作为地方发展的主要措施，防止因土地价格波动和房地产价格的波动导致地方政府负债风险积累。

2. 加强土地供应及房地产开发的科学规划

建议政府每年合理作出土地供应及房地产开发的计划和规划，落实租房的保障政策，简化二手房买卖的手续和要求并提供其交易的保障机制，从而提高房屋市场的供给和流动性，出台较为合理的房地产调控政策来稳定房价。稳定房地产价格可以有效地防范地方政府债务风险的突然爆发。

3. 逐步降低地方政府的土地财政依赖度

建议中央政府适当将部分财政收入转移给地方政府，从而减轻地方政府财政支出的压力。

参考文献

［1］李吉栋，王保林．地方政府债务风险管理与融资创新［M］．北京：经济管理出版社，2017.

［2］李明明，秦凤鸣．中国信用评级业市场结构探析［J］．经济经纬，2017，34（3）：153-158.

［3］黄小琳，朱松，陈关亭．债券违约对涉事信用评级机构的影响——基于中国信用债市场违约事件的分析［J］．金融研究，2017（3）：130-144.

［4］刘尚希．建言财政改革［J］．清华金融评论，2016（2）：49-54.

［5］聂新伟．政府信用、地方政府债务风险与信用指标体系构建的思路［J］．财政研究，2016（3）：15-26.

［6］温来成，刘洪芳．我国地方政府信用风险评估体系的构建及运用［J］．中央财经大学学报，2016（9）：11-19.

［7］孙亦军．中国地方政府债务与融资平台问题研究［A］．中国经济分析与展望（2001—2013），2013.

［8］刘尚希．财政新常态：公共风险与财政风险的权衡［N］．光明日报，2015-03-18.

［9］吴振宇．基于省际数据的潜在增长率测算：前瞻至2020年［J］．改革，2013（9）：20-25.

［10］成涛林．新型城镇化地方财政支出需求及资金缺口预测：2014—2020［J］．财政研究，2015（8）：52-57.

［11］张俊伟，戴慧．不同发展阶段政府公共支出演变规律及对中国的启示［J］．中国中长期负债能力与系统性风险研究，2013.

［12］余斌，吴振宇．中国中长期负债能力与系统性风险研究［M］．北京：中国发展出版社，2013.

［13］杜金富等．政府资产负债表：基本原理及中国应用［M］．北京：中国金融出版社，2015.

［14］李扬等．中国国家资产负债表2015——杠杆调整与风险管理［M］．北京：中国社会科学出版社，2015.

附件二

地方债务置换必须解决的几个问题①

摘　要：地方债务置换是 2015 年财政部为支持地方经济发展和调整产业结构推出的一项重要财政举措，对我国地方债务处置及地方债发行产生重大影响。但地方债务的置换中有些相关问题必须重视解决，否则，将会出现地方政府违规举债。我国地方债的置换应以利率市场化为抓手，进一步理顺地方债置换中的资金价格关系。否则，现行的置换办法很难达到减轻地方政府债务负担的目的，同时也给银行机构带来极大压力。

关键词： 地方债置换

2014 年 9 月 21 日，国务院办公厅发布了《关于加强地方政府性债务管理的意见》（以下简称《意见》），强调应积极降低（地方政府）存量债务利息负担。对甄别后纳入预算管理的地方政府存量债务，各地区可申请发行地方政府债券置换，以降低利息负担，优化期限结构，腾出更多资金用于重点项目建设。2015 年 3 月，为贯彻落实《意见》精神，经国务院批准，财政部下发了 1 万亿元地方政府债券置换存量债务额度，用于置换地方政府负有偿还责任的存量债务中 2015 年到期需要偿还的部分。债务置换对于减轻地方政府偿债压力、降低经济整体的杠杆率具有关键作用。2016 年和 2017 年分别下达了地方债置换安排。从这几年体制转型的结果看，地方债务置换对我国供给侧结构性改革起到巨大的促进作用，但是部分地方政府乱发债的问题或者变相举债的问题也开始突出。2017 年上半年，国务院已多次发文制止地方乱举债的行为。根据目前地方债置换中存在的一些突出问题，本文从地方债务置换本身存在的缺陷来研究和探讨我国地方债务置换必须解决的问题。

---

① 本文原载于《全球化》2017 年第 8 期。

一、地方债务置换的背景

地方政府存量债务置换是在财政部甄别存量债务的基础上，把原来地方政府的短期、高息债务（银行贷款、理财产品、城投债等）换成中长期、低成本的地方政府债券。我们认为，此项债务置换措施的出台，主要出于以下几方面的考虑：第一，解决地方政府债务期限错配、偿还压力逐步凸显问题。随着新预算法和"43号文"的出台、实施，地方政府过去长期通过融资平台公司和非标融资的路径基本被堵死。同时，在刺激政策下疯狂举债的地方融资平台将再迎兑付潮。以城投债为例，2015年全年将有5063.82亿元城投债到期，其中3月、4月、5月是还债高峰期，到期债务分别是680.8亿元、802.5亿元和607.8亿元，占全年城投债到期量的四成，地方债务违约风险加大。第二，解决地方政府债务结构不合理、资金成本错配严重的问题。在我国，地方政府债务资金的最主要来源是银行贷款，截至2013年6月底，地方政府债务（包括或有债务）中56.6%的债务资金来自银行贷款；其他主要债务资金来源包括BT、信托融资、城投债等，地方政府债券在地方政府债务中的占比仅为3.7%。以贷款为主的地方政府债务结构导致的不良后果主要有两方面：其一，造成银行系统性风险不断累积；其二，由于地方政府债务的主要举债主体为平台公司，无法享受高信用等级，其融资成本普遍较高。

在上述背景下，财政部推出地方政府债务置换，短期目标是在土地财政和财政收入双双放缓、"43号文"剥离地方平台政府融资职能的情况下，保证地方政府偿债和支出行为的连续性，缓解地方债务期限错配、资金成本高的问题，减轻债务负担。债务置换的长期目标则是将地方政府隐性债务显性化，建立地方政府举债的市场化平台与机制。地方政府债务置换，对地方政府存量债务压力缓解极为有利，推动了地方政府债务的公开透明，以及市场化的地方政府债务发行市场的形成，但它的本质并不是靠新增的收入、利润来偿还债务从而降低杠杆，而是通过债务人和债权人之间的利益重新分配来完成的。即债务不是经济增长下的财务杠杆套利的自然削减，而是要其他参与主体来埋单。由于到期的存量信贷、城投债等地方债务的最大投资主体是商业银行（包括表内信贷及以理财为代表的表外资产），因此，我国商业银行将被迫承受资产回报率下降的减值损失。

根据现有债券投资者结构，本次债务置换，商业银行的利息收入将减少200亿元左右，在目前的利率市场化冲击下，银行综合负债成本有所增加，而资产回报率的下降不利于其正常运营。此外，地方政府债券和国债一样，享受减免20%利息税的优惠，中央政府将因此损失约60亿元的财税收入，但是中央政府杠杆率极低，影响有限，且中央政府加杠杆配合地方政府去杠杆符合债务结构的现状。其他投资主体，如基金、券商等分担一部分利息削减，近50亿元。考虑到地方政府债供给增加对债券市场的冲击，在资金偏紧、利率偏高的背景下，中央银行货币政策对冲概率较大，中央银行已经允许地方债抵押，预计商业银行以地方债抵押向中央银行申请再贷款等较为可行，同时降准降息等传统宽松货币政策工具也在储备工具之列，这样将通过通货膨胀的方式由全社会埋单。

二、地方债务置换的作用和意义

2015年到期的地方政府债务在3万亿元左右，财政分配的置换额度为1万亿元，置换规模占比达到1/3，虽能降低系统性风险，提高经济体的资产质量并降低实际融资成本，但需要市场其他参与主体为地方政府债务支出的减少去埋单。截至2013年6月，全国地方性债务余额中，银行贷款余额为10.1万亿元，占全国地方性债务余额的57%。财政部在2015年3月下达了1万亿元地方政府债券置换存量债务额度，意在通过不断完善地方政府举债融资机制，控制和化解地方政府性债务风险。由于目前银行贷款在地方政府债务结构中的占比较高，此次债务置换对于银行来说，避免了到期贷款成为不良。原因主要有：首先，2015年到期的1万亿元债务如果通过发行地方政府债顺利得到展期，这种"借新还旧"使得债务平滑周转，而且期限较长，债务的到期分布就更加合理；其次，用地方政府债务置换到期的债务为地方政府节约了较多的利息支出。2015年到期的地方政府债务主要为银行贷款和城投债，利率均在7%左右，而地方政府债的利率基本与同期限国债持平，债务置换能节约至少3%的利息成本。初期置换额度为1万亿元，存量债务顺利延期之后还获得了300亿~350亿元的利息削减，债务压力大为减轻。

地方债务置换主要的作用有：一是地方债务置换可以降低银行贷款存量的风险。根据财政部的规定，这1万亿元地方政府债务置换范围是2013年政府性债务审计确定的截至2013年6月30日的地方政府负有偿还责任的存量债务中、2015年到期需要偿还的部分。据审计，1万亿元的总债券额度占2015年到期政府负有偿还责任债务1.86万亿元的53.8%。把存量债务中很大一部分地方融资平台贷款置换成正式发行的地方政府债券，相当于拿中央政府资产负债表置换地方政府资产负债表。对于银行而言，地方债务中绝大部分属于银行贷款，存量债务置换相当于地方融资平台贷款这类高风险的资产被地方政府债务这种低风险的资产置换。可以说，地方政府债务置换本质上是债务重组和资产证券化。由于地方政府之前的存量债务主要经由地方融资平台通过银行贷款或信托累积形成。通过债务的置换，既可以有效地减轻地方债务的总体压力，有利于控制地方政府融资平台的风险，也有利于商业银行控制总体的风险。同时，在房地产市场持续下滑、税收收入增长乏力的背景下，地方政府还息负担较重，将成本较高、期限较短的债务大规模置换为成本较低、期限较长的债券可以减轻地方财政负担、增强债务可持续性，并有效延缓银行不良贷款的生成速度，银行系统整体资产质量也将有所提高。债券置换可以迅速缩减银行风险资产规模，并有效提高资本充足率。根据最新披露的年报，目前银行所持有的地方政府债务主要是风险权重为100%的地方政府融资平台贷款，而置换后的有地方政府担保的政府债券，其风险权重仅为20%。根据市场的普遍预计，每置换5万亿元银行贷款，银行的资本充足率将提高0.6%~0.7%。如此一来，银行的资本充足率水平将大幅提高。

二是债务置换促使银行转型空间增大。从利率角度来看，债务置换可能侵蚀银行的盈利能力，但在100%风险权重的压力以及目前银行不良贷款率不断提高的背景下，债务置换不仅能为银行有效减压，其对银行的潜在利益贡献更不容忽视。目前，地方政府债务主要为银行贷款和信托贷款，资产的流动性相对较差。而置换后，地方政府债券不同于银行贷款，债券投资不属于贷存比计算。因此，如果将贷款置换为债券，银行的贷存比将有效降低，由此银行将释放出巨大的有效信贷能力，这无疑为银行参与"一带一路"、长江经济带等国家重大战略规划留出了空间。据有关部门测算，每置换5万亿元贷款，银行体系贷存比将降低4个百分点。尤其是对贷存比已经接近监管红线的全国性股份制银行来说，更是意义重大。此外，银行贷款或类信贷资产转变为债券后，由于其可以直接在市场上交易，流动性将大大提高，银行体系的整体流动性风险也将有效释放。置换债券由于有中央政府信用担保，且流动性较高，因而完全具备以此为合格抵押品，随时向中央银行申请抵押补充贷款（PSL）和中期借贷便利（MLF）的可能。由此，银行资产周转率有望显著提升，整体负债成本下降的机制将形成，对银行的净资产收益率形成正向效果。

三、对现阶段我国地方政府债务置换做法的认识

地方政府债务置换是减轻地方偿债压力、降低系统性风险的关键举措。那么置换的地方债由谁来购买？对于市场经济国家而言，地方政府直接在债券市场发行债券，这是其他国家市政债发行的自然做法。但是，目前在我国债券市场存在诸多弊端的情况下，直接向市场发债将进一步导致市场扭曲，使降低地方政府偿债压力的初衷难以达到。

首先，地方政府债券的信用评级和定价机制存在极大缺陷。我国地方政府债务定价的市场原则基本确立，即政府自发自还，定价由市场说了算。2014年，地方政府自发自还债券试点启动，10个省市发行了总额为1092亿元的地方债。但是，由于债券的信用评级机制未建立，债券发行定价并未真正实现市场化。从试点发行的债券评级看，所有债券都得到了AAA评级，债券的定价都接近甚至低于国债利率，这与国家信用高于地方政府信用的事实显然不符，也会限制商业银行的主动性。其主要原因有以下两点：一是存在刚性兑付的预期，市场参与者普遍认为只要有政府信用背书，偿债能力就有保障，中央政府信用和省市级政府信用在市场投资者的眼中没有太大区别。二是地方债的承销商和投资者以当地银行为主，这使得地方政府的财政存款和地方政府对本地经济资源的控制在相当程度上决定了地方债的定价。在这种背景下，如果直接向市场发行债券，将无法区分不同地方政府债券的信用风险和流动性风险，从而强化了地方举债的软预算约束和道德风险。

其次，很可能会推高我国银行主导的金融体系的系统性风险。我国地方政府债务的主体是银行贷款，其他融资渠道（如信托、银行理财）也多与银行有关，我国债券市场的主体也是银行。因此，地方政府债务置换在很大程度上就是将银行发放的贷款和其他产品变成银行持有的地方政府债券。对于商业银行来说，置换仅仅是改变了银行的资产结构，而资产结构的转变从三个方面提高了银行承担的风险：第一，资产收益率下降。地方政府债务置换降低了地方政府的负债成本，反过来，则降低了银行资产的收益水平。随着未来地方政府债务置换的持续推行，资产收益率的下降终将冲击整个银行资产负债表。第二，资产期限拉长。地方政府债务置换的另一个结果就是拉长了地方政府负债的期限，这也意味着银行资产期限的拉长。在银行负债期限不变的情况下，最终导致银行借短贷长的期限错配问题更加严重。第三，信用风险依然累积在银行资产负债表上。在资产收

益率下降、流动性风险升高的同时，债务置换并未起到缓释银行信用风险的作用，相反，持有债务资产的期限拉长可能使银行体系进一步暴露在未来的违约拖欠风险中。

最后，很可能导致债券市场供求失衡，社会融资成本上升。如果地方政府债直接面向市场发行，这意味着在市场上地方政府债券的供给将大幅上升，对债券市场供需结构造成冲击。假如基础货币投放量不变，新增债券发行意味着货币需求将会大于货币供给，从而导致地方债价格下跌，收益率曲线上行，社会的资金成本再次上升。如果新增地方债券全部交由市场消化，地方政府债的供给增多也必然会冲击到银行对国债及政策性金融债的需求，整个债市的发行利率和二级市场收益率估值都将面临很大的上行压力。

四、我国地方债务置换存在的主要问题及难点

存在的主要问题有：

一是回报率低于同期相关债券，对发债有极大的影响。按照财政部的要求，为了提高地方债券发行成功率，要求地方债的发债收益率必须高于同期国债的收益率。对于投资者来说，这样的回报水平依然难以满足其要求。一方面，地方债的利率普遍低于信贷、非标等资产2个百分点以上，在利率市场化快速推进背景下，要牺牲利差收益去购买地方债，导致盈利削减，商业银行显然难以接受，因此，低利率的地方债对其吸引力很小。另一方面，高利率的到期债务被低利率的地方政府债替换，如此巨量的地方债供应，将抬高国债等整个市场的无风险利率。特别是地方政府和财政部的想法也不完全一致。财政部希望地方债如期发行，因为这能极大地缓解地方政府债务风险，降低中央政府的兜底风险，也便于施行财政政策以配合稳增长、调结构。地方政府虽迫切需要融资，但它考虑的不仅仅是融资，更考虑未来的还债成本。

二是较低的流动性是一个硬约束。国债具有较高的流动性，而地方债的流动性目前情况不明，成为发行障碍之一。由于没有明确的政策规定及有效的国债二级市场，机构购买者能否把到手的地方债券进行质押回购以增强其流动性，政策不明。如果没有较高的流动性，机构投资者就不能盘活资金，特别是当通胀率较高的时候，手中的地方债券无法脱手，对机构投资者来讲是一件得不偿失的事情。

地方债置换的难点主要有：

　　首先，我国信用评级体系很不完善，导致地方政府发债利率不是依照市场化定价。因此，出现了地方债信用高于国债的不正常现象，靠需要和政府搞好关系的金融机构出于捧场动机购买。地方债置换有助于缓解地方政府财政还债的压力，帮助地方政府腾出部分资金加大其他支出。但是，如果以这种方式减轻地方政府负担，实质上是让银行和投资者亏损，这应该是目前地方政府发债受冷遇的一个主要原因。地方债规模过大，远远超过金融机构或者机构投资者的承受能力。根据财政部的数据，2015 年，地方政府置换债券发行量 10000 亿元，新增一般债务 5000 亿元，新增专项债务 1000 亿元，总规模在 16000 亿元以上。以往在地方债自主发债规模下，商业银行及金融机构或者地方投资者为了维持与地方政府的关系，损失部分收益或者牺牲部分流动性来购买地方政府发行的债券尚可承受，但 2015 年在高达 16000 亿元地方债规模下，商业银行和金融机构或者地方投资者已经无力承担了。

　　其次，通过借新还旧来缓解地方政府当前债务压力相对比较容易推进，以利率的置换方式来达到减轻地方政府负债成本压力的目的却难以做到。因为地方政府债务成本并不能凭空减轻，地方政府债务成本如果以加重金融机构或者投资者的成本或减少收益方式减轻，除非出于行政命令，否则完全按照市场原则进行操作，无疑会出现目前的状况。如果按照财政部对此类情况的对策，将考虑地方债的购买与财政存款挂钩，以增加银行购买的积极性，但此种方法可能起不到实质性的作用。2015 年，商业银行之所以支持地方债的发行，很大原因就是为了争取地方财政性存款。但按照财政部的安排，这 1 万亿元地方政府债券只是开始，将来还会有更多的债务进行置换，如此大规模地置换地方政府债务，不实质性地提高地方债的利率，而只是通过财政存款来吸引金融机构，利益实在太小了。

　　最后，大幅度提高地方政府债的利率，显然背离了地方债务置换的出发点和原则。地方债置换的目的有两个：一是减轻地方政府债务到期偿还的压力；二是减轻地方债务成本。前者是为降低地方政府债务压力争取时间，后者是减轻地方政府债务的资金成本。相比之下，后者可能更具有普遍意义和可接受意义，因为只有将利息成本降到地方财政预算可接受水平，地方债的压力才能真正减轻。如果提高地方债的利率，地方债务置换的意义就只剩下一条，仅仅是将地方政府债务压力延后，而不能从根本上解决地方政府债务压力过大的问题。

五、地方政府发债和地方债置换带来的新问题

其一，发债主体大幅收缩后，如何提高债务资金配置效率，让债务资金能满足地方政府的合理需求问题。新修订的《预算法》规定，仅省级政府有公开发行地方债券的权力，这相当于将原来省、市、县均有的，通过地方融资平台举债的权力，集中到几十家省级单位。由分散决策转向集中决策，固然有便于控制风险、加强规范管理的优点，但也可能存在管理链条过长、债务资金配置低效、不符合地方实际等问题。

其二，发债额度的合理确定与分配如何与地方政府需要相匹配的问题。在新政策的框架下，包括存量债替换在内的发债额度，是地方政府发债数量的天花板。发债额度的高低，直接决定了各级政府当年可以获取的债务资金量，因此，是否符合地方真实需要是关键。发债额度过高，地方政府举债过多，加大债务风险；发债额度过低，满足不了地方政府的资金需求，则影响经济发展和民生改善。

其三，如何对地方融资平台的转型及其他违法违规融资方式进行监管的问题。按照国发43号文"剥离融资平台公司政府融资职能，融资平台公司不得新增政府债务"的要求，全国7000多家融资平台公司要做好清理转型工作，不能作为地方政府举债的融资平台。地方融资平台公司转向何方？未来的业务模式是什么？这些问题都需要进行探索。同时，在地方债新政框架下，公开市场发债是地方政府举债的唯一通道。地方政府是否还会创新其他融资方式，如何及时识别进行应对？公开市场发债是否可能出现违法违规举债、违规使用政府债务资金、违规担保等情形？

其四，地方债发行如何与金融市场良性互动的问题。地方债发行管理与国债一样，是财政政策与货币政策相结合的关键点。地方债的风险，也是金融风险。地方债新政的推行困难重重。因此，未来应强化财政部门和金融部门的沟通和协调，建立经常性机制，共同搞好地方债的发行和管理，控制金融风险和财政风险，以发挥好财政政策和货币政策协调配合的功能。

六、改进地方债务置换方式的政策建议

一是地方政府债务置换的最佳方案是财政部发行特种国债。从我国当前的实际看，地方政府发债的条件远不成熟。除了缺乏合理有效的信用评级和定价机制之外，在目前的财税体制下，地方政府发债的几个关键条件

都不具备。首先，地方政府发债是在中央和地方事权、财权合理、明晰划分的情况下，为地方政府收支缺口提供融资的手段。当前，财税体制改革还未展开，中央和地方的事权和财权没有得到合理划分，在这种情况下贸然推出大规模的地方政府债券会进一步扭曲中央和地方的关系，甚至会通过强化道德风险进一步扭曲政府和市场的关系。其次，地方政府发债后的资金使用范围不明确，市场缺乏有效监督和约束地方政府的机制。国外市政债的资金使用都有严格监控，发债资金只能用于基础设施建设和公益性资本项目支出，不能用来弥补地方政府经常性预算缺口。最后，偿债资金的来源不明确，目前财政部的方案非常笼统，主要涉及存量债务的甄别问题，并没有明确地方政府发债是以地方税收担保的一般责任债还是以特定项目收益为偿还来源的项目债。

　　财政部发行的特种国债，置换银行资产负债表上的地方政府债务，对于银行来说，虽然国债替代贷款会导致资产收益率下降，但是，资产的风险也降低了，流动性极大提高，经风险调整后的收益可能还会上升，从而有助于降低系统性金融风险。另外，为了保留上述扩张基础货币、降低长端利率和扩张信用的三个效果，中央银行可以在市场间接购买特种国债。更重要的是，在缓解地方偿债压力的同时，这种做法有利于推动长期的财税体制改革。2014年财政部制定的《地方政府存量债务纳入预算管理清理甄别办法》主要涉及明确地方政府负有偿还责任的债务、地方政府负有担保责任的债务及地方政府可能承担一定救助责任的债务，并未对中央及地方事权和财权的划分作出规定，这导致中央和地方出现新的博弈：地方政府希望将更多的存量债务纳入负有偿还责任的债务，中央政府则只愿意满足地方政府的合理融资需求，寻求二者之间的平衡点并非易事。我们认为，在存量债务的甄别过程中，应该推动中央和地方事权的合理划分，属于中央事权但由地方负债融资的项目应该由中央财政偿还，属于地方事权的项目则应该明确地方偿还所对应的税种或者特定项目的收益。在合理划分中央和地方的事权和财权之后，再考虑发行地方政府债券。

　　二是如果仍按照现行的置换方案，关键是要提高地方债置换的流动性和收益率。首先，合理提高地方债的收益率，至少不能低于同期国债的收益率。在利率杠杆下，利率是一把"双刃剑"，解决地方政府债发行的难题，可能仍然要依照市场的原则，需要各方面的智慧。同时，尽可能缩短兑换期限，提高其流动性。其次，逐步放开通过定向承销方式发行地方债的二级市场交易。完善做市商制度，培育活跃的二级市场，提高地方债的流动性。再次，应提高地方债发行和定价的市场化程度，发行利率应当反映地区间的差异。最后，扩大地方债投资者范围，通过落实相关税收优惠政策，引导社保基金、住房公积金、企业年金、职业年金、保险公司等机构投资者和个人投资者等，积极投资地方政府债券。

三是采用组合措施或者办法化解地方债务平台风险。债务置换只是将兑付压力延后，债务规模总体并没有减少，这是在产业转型过程中，政府以时间换空间的策略。除了置换的处理方式外，债务的解决还需更多的组合方案。例如，通过对基础好的平台注入有效资产，使其成为真正的市场融资主体。另外，对能够吸引社会资金投资的项目或国有企业，通过资产重组、引入新投资者、项目出售等方式，回笼资金用于偿债。未来债务置换有望常态化。后期的债务置换，将在财政部对存量债务甄别及履行相关的法律程序后陆续开展。但是利用市政债置换融资平台债务可能迫使银行提供较长期的贷款，资产周转速度放慢，利息收入减少，这有可能进一步加大信贷成本压力。

四是中央银行有必要在债券发行时提供足够的流动性支持，以压低银行间市场利率，避免利率不必要的攀升，并在置换结束之后调整银行放贷规模以避免信贷过度扩张。

五是现阶段妥善处理存量平台贷款，确保平台贷款合规使用。对于存量的地方政府融资平台贷款，一方面要尽量推进平台贷款的整改，将平台贷款整改为一般公司类贷款，对于原有的由地方政府和人大开具"担保函"等方式提供财政担保的贷款，应追加并落实新的规范的具备足够财务实力的担保主体，确保贷款项目抵押担保足值，手续齐全，合规合法，贷款期限和还款方式满足监管要求。另一方面，要加强对存量平台贷款的贷后管理，密切跟踪监控信贷资金的用途、流向，及时掌握资金变化、融资平台公司经营状况，综合评估政府财力并跟踪关注变动情况，及时对贷款期限、方式及风险缓释措施作出相应的安排，减少存量平台贷款的违约风险。

六是建立偿债准备金制度，确保平台贷款按期偿还。政府要充分认识到银行贷款是发展地方经济的重要因素，有责任保证融资平台贷款的按期偿还。在目前经济发展的新常态下，可根据行业的风险形式，建立贷款偿债准备金，要求政府每年将贷款偿还安排纳入政府预算支出并取得全国人大审议通过，在银行设立偿债准备金专户，将财政资金定期拨入偿债资金专户。也可以每年在预算收入中安排一定量的资金，从已经建立或拥有的防范化解金融风险的准备金、政府及其所属部门或机构的专项基金中提取。

在偿债高峰期，可以考虑通过出售、转让部分国有资产偿还融资平台贷款。

七是加快业务转型步伐，大力发展投资类和中间业务。2014 年 9 月以来，国务院、财政部等措施频出，旨在建立"借、用、还"相统一的地方政府性债务管理机制。从长期来看，这对规范政府融资行为、防范财政金融风险，进而避免银行信贷风险的爆发是有利的。但从眼下来看，大部分政府项目的投资模式和建设主体等都将发生变化，这会对银行现有的平台贷款运作模式带来冲击。在平台类融资业务受抑制的同时，政府发债类业务将明显增加。预计政府债券的承销和发行会进行捆绑，这会增加银行的中间业务收入，进而促使银行信贷结构和业务收入结构产生变动。一些银行需要考虑如何跟进，尽早着手借助存量平台贷款优势，大力发展投资类和中间业务，提高收益，争取成为发债的代理行和支付行，在政府发债业务中寻找新的利润增长点。同时考虑到政府融资平台与信贷的联系将逐步被切断，直接融资工具将在地方融资变革中发挥重要作用，银行需要紧跟变化，研究委托代建、BT（建设—移交）、SPV（特定目的机构）、PPP（政府与社会资本合作）等模式，加大信贷业务管理创新。地方政府债券融资和 PPP 模式将丰富企业理财资金端的资金来源及资产端的权益类投资渠道，对银行理财、债券承销业务整体利好。

八是提高地方债置换的收益率。在利率杠杆下，大家都是依照市场的原则进入债券市场，利率是一把"双刃剑"，解决地方政府债发行的难题，可能仍然要依照市场的原则，需要各方面的共同努力。

参考文献

［1］余丰慧．央行介入地方债置换一举多赢［J］．经济研究参考，2015（42）．

［2］詹向阳，郑艳文．地方债务置换的影响［J］．中国金融，2015（20）．

［3］邱峰．地方债置换效应及其对商业银行的影响［J］．中国内部审计，2015（7）．

［4］郑春荣．地方债置换新政解［J］．财政监督，2015（18）．

［5］张愉．43 号文件打破现有地方债务生态圈［J］．上海国资，2014（11）．

［6］潘俊，王亮亮，吴宁等．财政透明度与城投债信用评级［J］．会计研究，2016（12）：72-78．

［7］詹鹍鹏．地方债券发行的美国经验与国内实践［J］．时代金融，

2015（29）：14-15.

　　[8] 林力. 地方政府市政债信用评级制度研究：印度的经验及启示 [J]. 地方财政研究, 2015（7）：91-96.

　　[9] 应明. 地方政府债券信用评级体系的国际经验及启示 [J]. 金融与经济, 2016（10）：69-71.

附件三

银行脆弱性的理论基础与主要影响成因^①

——基于对我国中央银行"缩表"的视角

摘　要：现阶段，我国仍以间接融资为主，银行仍然在金融体系内占据主体地位。银行体系先天性的脆弱性会导致系统性金融风险的发生。本文主要研究银行脆弱性状况及其成因，并重点研究现阶段银行脆弱性在我国目前的主要表现形式和成因。从我国中央银行"缩表"的视角来分析如何通过中央银行减少基础货币供给，对冲商业银行脆弱性，并就中央银行如何用"缩表"对冲商业银行体系的脆弱性提出相关政策建议。

关键词：银行脆弱性　金融风险　中央银行"缩表"

　　近年来，我国经济增长模式发生重大转型，正在从改革开放以来的要素驱动型向创新驱动型转变。在发展结构上表现为供给侧结构性改革，具体到实施与操作层面，商业银行不论是从制度上还是业务方面及金融创新层面都面临转型。但是，我们也看到，最近几年，我国银行业的发展受到经济转型、供给侧结构性改革与行业周期的影响，出现了一些较为突出的不稳定问题。这主要表现为，前期由于盲目追求盈利和扩张，不论大小型银行都通过加速发展表外业务和同业业务以及资产托管业务，导致部分银行在"三去一降一补"的大背景下，出现较为严重的体系性不稳定问题。与其他行业相比，银行业的脆弱性是先天存在的，长期以来，大家忽视了这个问题。人民银行及银监会就银行业快速扩张的同业业务和非理性快速增长的理财业务进行了严格的排查并提出"缩表"要求，这是非常正确的做法。本文力图分析近期我国中央银行"缩表"对银行体系的影响，研究银行脆弱性。

---

① 本文原载于《价格理论与实践》2017 年第 5 期。

一、银行脆弱性相关理论及脆弱性形成的主要因素

1. 决定银行脆弱性的有关理论及其核心

银行的脆弱性是相对于银行的稳定性而言的。一般情况下，理论界认为，一国银行体系的脆弱与否取决于它的偿付能力，商业银行自身的清偿能力是衡量银行体系脆弱性的重要标准，通过不良资产率等一系列相关指标来反映。如果一家商业银行缺乏流动性、资本充足率不足、杠杆率过高，那么其自身就会出现脆弱性，特别是当银行遇到较为严重的流动性风险时，就会从自身的脆弱性变成现实的风险。从本质上看，银行体系的脆弱性是商业银行高负债、高杠杆经营的内在本质，随着金融系统风险积累的不断加大，当遇到外部冲击或者外部宏观环境出现较大变化时，整个体系可能会出现金融风险。

关于银行体系脆弱性的理论主要有：金融顺周期理论、金融不稳定假说、银行安全边界说与摩根规则信息不对称理论。费雪对金融顺周期的解释是借贷双方的信息不对称和由此产生的代理成本，代理成本是外源性融资成本大于内源融资成本，产生外源性融资溢价。伯南克认为在经济繁荣时期，企业现金流状况良好，净值上升继而扩大投资，经济会进一步繁荣，产生金融加速器的正面效应，但其中一些不良的贷款企业也能获取信贷资金，导致银行体系的风险开始不断累积。在经济萧条时期，企业内部流动性下降，现金流减少，企业的资产负债表不断恶化，企业被迫收缩规模，减少投资，加剧经济衰退，通货紧缩，产生金融加速器的负面效应。银行也会减少信贷业务。过度负债的企业开始陷入债务—通货紧缩困境，使银行的信用、流动性等风险爆发。因此，结合金融加速器理论来看，金融顺周期现象将会加大银行体系的脆弱性。金融不稳定假说认为，金融和银行体系内在脆弱性来自三个方面：一是基于市场主体行为的非理性；二是贷款人对高盈利的追求超过了对危机的恐惧，银行加大贷款直接推动了企业投资的扩张；三是金融机构之间的竞争迫使银行放贷时不能坚持审慎策略，当经济出现风险时，银行就可能减少贷款数量，导致企业扩张失去资金支持。这三个非理性行为都可以导致银行的脆弱性。克雷格尔（Kregel，1997）认为给银行设立一个安全边界，这个边界就是承诺的收益保障是银行衡量安全保障的重要手段，它使得银行遇到风险时在可承受的范围内有效规避风险。摩根规则对银行的信贷决策有着重要影响，其规则是参照借款人过去的信贷记录而不关注未来的预期评估与潜在风险。银行参照摩根

规则就会增加贷款规模和提高借款人的信用权重，一些不良企业的不正确投资决策获取贷款的可能性大大增加，最终造成银行在信用规模膨胀时期出现了很多盲目授信的项目，极大地缩减了其安全边界。安全边界理论认为银行过于看重摩根规则，放大了过去信用记录在授信决策过程中的作用，而忽视了经济周期对企业信用记录的影响，特别是繁荣时期市场对企业信用记录的改善，从而使银行失去了对企业经营能力和未来风险因素的客观判断，使银行安全边界向更低的水平倾斜，造成了银行体系的内在脆弱性。信息不对称理论的核心是导致逆向选择和道德风险，进而导致银行经营恶化，银行资产逐渐变差，最终导致整个银行体系的脆弱性增强。

2. 形成银行脆弱性的内在因素影响

一是银行特有的资产负债结构出现高杠杆率。银行与一般企业相比具备一定的特殊功能，可以凭借信用体系把社会上的闲散资金集中起来，然后把其分配到具有生产性和消费性需求的资金需求者手中，因此，银行运营具备高负债率和高杠杆率的特点，同时也是造成银行体系脆弱性的内在原因之一。杠杆率一般等于资产总额与资本金之比，目前，我国银行体系的杠杆率有的达 20 : 1，有的高达 30 : 1。在银行经营过程中，其资产的增长速度远超资本的增长速度，必将造成杠杆率有增无减。杠杆率的不断提高直接降低银行体系抵抗风险的能力，导致银行体系的流动储备不足，一有"风吹草动"，就将无法自我弥补流动性不足，整个市场如果资金面都偏紧，容易出现全国性的银行恐慌，加剧银行体系的脆弱性。

二是出现较为严重的货币错配。银行体系的流动性一般由短期存款构成，但目前在全球范围内银行体系资金主要由长期贷款构成，但是这部分货币流动性差，由于长期存款不足以支持银行体系的流动性，项目建设一般时间长，迫使银行普遍长期使用短期存款，出现较为严重的货币错配。其结果就是银行体系内的资产负债表长期出现流动性展期，流动性随时有可能不能弥补到期的负债，这样会加剧银行体系的脆弱性，为保持较高的存款数量，迫使银行提高吸储成本用来弥补流动性不足，这样又会提高银行筹资成本，恶化银行财务状况。银行的稳定性建立在社会信用的基础上，长期的货币错配形成的资产负债结构使得银行在面临信用危机时容易爆发储户恐慌和挤兑行为，严重时会导致流动性枯竭和银行破产，单一银行的信任危机也可能诱发区域内的储户恐慌，加剧整个银行体系的脆弱性。

三是银行金融产品（包括信贷产品与理财产品）的定价性波动较大。与一般企业相比，银行金融类产品的定价方式具有一定的特殊性，容易受到许多因素的影响，其价格具有易波动特点，波动性越大越有可能加剧银行脆弱性。实体企业的产品定价最终以成交价为基准，而银行金融类产品的定价是以收益率为导向的，投资者一般会追逐高收益率的金融产品，在不同程度上推高银行融资成本。另外，理财产品受经济周期和金融市场波动影响较大，经济周期的波动和金融市场的波动会迅速传递到银行金融产品价格上，使银行体系有时候很难自我把握经营成本，金融产品定价上的波动性导致银行自身很难把握头寸，容易引起利率风险和流动性风险。

四是银行内控体系不完善导致风险控制能力降低。银行的内部控制制度是银行体系控制风险、提高自身经营管理水平的有力保证。银行的内部控制体系的不完善，经营管理水平不高，员工内控意识薄弱，在严格约束内部控制方面缺乏有效制度和措施，就有可能降低对风险的有效控制能力，引发操作风险、合规风险和信用风险等，增加了银行体系的脆弱性。银行的内控体系水平主要体现在对风险的识别和控制方面。风险识别与评估是银行实现有效内部控制的前提与基础，对比国际上发生的许多银行危机事件，风险识别问题引发的资产质量高估所产生的过度借贷行为是一些银行爆发危机的直接原因。风险识别的偏差往往使得经济向好时企业风险被低估，风险在经济高涨时期就已经在增加和不断积聚，结合银行自身经营过程中的高杠杆率特征，较低的资本金比率使得其抵御风险的能力有限，最终导致银行资产端的损失超过其资本金的吸纳能力，导致危机爆发。此外，"灾祸短视"问题也会增加银行的脆弱性，即在风险评估过程中，小概率事件对银行体系也会造成毁灭性影响。由于银行经营的高杠杆率，往往很小的风险事件造成的损失就有可能导致一家大型银行倒闭，如巴林银行的倒闭就是由内部控制不完善、风险管理措施不当造成的。

3. 形成银行脆弱性的外在因素影响

一是货币政策变动的影响。货币政策一般都是逆经济周期调控的，银行体系资金流动一般都是顺周期流动的，这样就会在金融运行中出现一个悖论，当银行体系金融产品收益率较高和流动性需求较强时，往往是下一个经济危机开始的时候，中央银行一定会及时出手采取有效措施熨平周期，银行体系的流动性和收益率随之会出现较大波动，流动性和收益的脆弱性开始出现。在熨平经济周期波动时，如果实施扩张性货币政策将会提高通货膨胀率，而过高的通货膨胀率将会加大金融市场对风险评估的真实性的认知，导致通过增加杠杆比例购买资产的行为增多，无效率的高风险贷款增加，从而产生对资源错误的配置，引发严重的金融产品价格扭曲，加大金融的脆弱性。在经济过热时期，国家实施紧缩性的货币政策以抑制通货膨胀，控制银行的信贷额度，可能引发流动性危机，而未预期的通货膨胀率下降会增加未清偿债务的实际价值，企业债务负担增加，银行违约风险增加，这比稳定通货膨胀时期更有可能对金融与银行系统产生冲击。

二是金融自由化的影响。目前，金融自由化主要表现在利率自由化、资本自由化和混业经营与金融创新几个方面。利率自由化是金融自由化的主要内容。利率管制放松是利率自由化的标志，利率自由化使得银行系统更容易动员资金、积累资本，但利率自由化会导致风险在不同国家之间的快速传递，国家之间利率信息不对称使银行信用风险快速上升。自 2008 年以来，国际金融危机对全球经济造成巨大的负面影响并持续到今天，正是金融自由化下危机在不同国家之间迅速传播。可以说金融自由化和利率自由化虽然为全球经济一体化带来了便利，但是也加剧了危机的扩散和传播。利率自由化是资本自由化的前提，金融自由化主张资本自由化，资本可以像商品一样在所有国家之间自由流动，以达到互利互惠的目的，但是亚洲金融危机的实践说明资本自由流动可能会加剧银行脆弱性。金融自由化要求银行从分业经营转到混业经营。混业经营可能会导致银行自身出现两极化分裂，中小型银行由于自身资本实力有限，竞争力会急剧下降，大型银行即使经营风险较大最终也会形成"大而不能倒"。混业经营也对监管部门提出了更高的要求，如果监管跟不上，可能会导致不同业界的风险向银行体系转移。金融创新的风险在 2008 年的国际金融危机中暴露得非常充分，美国由于金融创新过度，使得金融投机性活动影响不断增大，打破金融市场不同产品之间的界限，不断推高衍生产品的风险，导致全球性金融危机，这给了我们深刻的教训。

二、当前我国银行体系脆弱性的集中表现

一是银行与企业都存在杠杆率过高的问题。2017 年国务院的政府工作报告仍将"三去一降一补"作为我国供给侧结构性改革的主要内容，也作为我国经济调整的主要任务。其中"去杠杆"是当前我国供给侧结构性改革最重要的一个措施。杠杆率过高反映在两个方面：一方面，银行体系内信贷杠杆率过高是因为企业负债杠杆率过高。所谓"杠杆"是指特定主体通过借入债务，以较小规模的自有资金撬动大量资金，以此扩大经营规模。一般以总资产与权益资本的比率来衡量杠杆率的水平。适度增加杠杆率有利于企业盈利和经济发展，但是如果杠杆率过高，债务增速过快，还债压

力过大，都会影响到银行系统，加大银行体系的脆弱性。银行体系杠杆率过高就会增加社会流动性危机，加大银行自身货币错配的风险。中央经济工作会议把"去杠杆"作为2017年结构性改革的重点任务，作为改善我国债务结构、增加资本权益比重的一个重大举措，通过"去杠杆"以可调控的方式和可控节奏逐步减少杠杆带来的脆弱性压力。目前我国金融仍然是以间接金融融资为主，企业融资严重依靠银行信贷，尽管我国资本市场和其他融资方式发展较快，但是规模与银行贷款比仍然偏小，过度依赖银行贷款带来的问题是企业的风险很容易转嫁到银行体系内。到2016年3月末，我国商业银行贷款占社会融资规模的56%，这种过度依赖银行体系的融资模式，使风险集中到银行，企业的问题就等于银行的问题，部分产能过剩的行业和企业极易将风险转嫁到银行。

我国银行也存在"去杠杆"的问题。银行体系的"去杠杆"是因为我国银行出现较为严重的货币错配、借短贷长，降低其内在的流动性准备，在银行的资产负债表中表现为金融负债而不是资产净值。自2008年以来，为摆脱国际金融危机的影响，以美联储为代表的中央银行纷纷采取多轮量化宽松的货币政策应对金融危机。量化宽松的货币政策以放松银根和低利率为标志。我国中央银行也采取了这一对策，货币投放已经远超其他主要市场经济国家。银行为了增加贷款纷纷加杠杆放贷。银行为了绕开部分监管规则，将资产负债表内的信贷业务转为表外业务，与其他性质的金融机构合作，大量开展金融创新业务。随着我国金融脱媒现象日趋严重，商业银行居民储蓄率在下降，稳定的储蓄存款来源在减少，银行资产负债的数量和期限开始出现严重不匹配。为此，我国银行不得不将流动性的希望寄托于中央银行贷款。2014年以来我国商业银行多次出现的"钱荒"问题就是加杠杆带来的不良后果。

二是商业银行表外业务增速过快、杠杆率过高。最近几年，我国商业银行表外业务发展过快，业务增速远远超过银行正常信贷业务。据人民银行统计，2016年末，我国商业银行表外理财业务为26万亿元，同比增长超过30%，高于同期商业贷款增长20个百分点。商业银行理财产品业务也增长20%，增长幅度远远超过同期贷款增长幅度。我国商业银行表外业务快速发展和理财业务快速发展主要是为了追求高收益，绕开监管部门存贷比的监管要求。目前，理财产品和表外业务的风险体系较难识别和控制，它的快速增大会加剧银行体系的脆弱性。特别是表外业务顺周期加杠杆，风险跨市场传播不容易控制。银行理财业务是商业银行针对特定客户开发的资金投资和管理计划，银行为客户提供资产管理服务收取管理费，风险由客户自身承担，是典型的表外业务。商业银行以追求高收益为目标，将接受监管的表内业务转为表外业务，实现了"资产出表"。比如一家银行表内业务因受存贷比的监管，不能突破存贷比要求放贷，如果将它转为表外的信托计划，不但可以实现对企业贷款，而且可以规避监管部门的有效监管。还有些银行将自己发行的理财产品融得的资金直接购买信贷资产，演变成影子银行业务。从本质上看，表内业务和表外业务同样发挥着信贷扩张的作用，但危险之处就在于它游离于监管之外，直接增加了银行体系的脆弱性和风险性。应该看到我国商业银行表外业务特别是理财业务在经济低迷以及应对国际金融危机时期对实体经济确实起到积极的作用，但是它的风险也是非常明显的。首先是理财产品即表外业务杠杆率过高，理财产品或者表外业务可以通过场内债券回购、分级基金等方式提升杠杆利率水平，部分产品或者业务甚至可以通过代持、"抽屉协议"等模式进一步提高杠杆率，导致整个金融系统的风险增大和脆弱性增强。其次是理财产品与表外业务投向极为复杂，难以监管。理财产品或者表外业务部分实现资金池运作和多种渠道投资，风险具有很大隐蔽性和欺骗性，难以较快发现，一旦爆发后果不堪设想。最后是存在刚性兑付风险，表外业务和理财产品由于由资金池运作兜底，存在显性或者隐性刚性兑付，风险很难由客户承担，最终将由银行自己承担，增加银行体系的脆弱性和风险度。

三是资产管理业务发展过快、风险快速增大。到 2016 年末，我国商业银行资产管理业务快速发展，规模不断增大，管理规模已经由 2012 年末的 22 万亿元增至 110 万亿元，发展规模令人瞠目结舌，速度之快前所未有。作为金融创新的一部分，我们看到，商业银行发展资产管理业务在满足公众和企业财富管理、服务实体经济、增加投资渠道方面起着积极作用。但是我们也注意到，过快发展的资产管理业务带来的问题也是非常突出的。其一是资产管理资金服务于金融业自身，导致其不为实体经济服务。金融不服务于实体经济是目前我国经济发展中的一个突出问题。在经济下行的压力下，在资金收益率持续下降的背景下，资金投向实体经济获利甚微。目前，我国金融机构基本都涉足了资产管理业务。对于银行业机构来讲，同业存单、委托投资、非标融资、权益融资等资产管理业务发展更快，它们借助各类金融创新工具，出现银行理财、信贷、票据、同业自我循环，就是不进入实体经济。结果资产管理的资金借助结构化融资和委托投资的渠道及投资计划多重方式，将资金一部分流入资本市场，另一部分资金投资于货币市场和债券市场，资金本来是应该为实体经济服务的，最终却流入金融系统内部形成自我服务，提升资金成本，加大了实体经济融资的难度。其二是高杠杆率加剧了银行体系的脆弱性。由于我国利率基本上实现了市场化，加上互联网金融高利率的冲击，杠杆表外业务不断增大，加大了银行体系货币错配和高杠杆率，不利于银行体系稳定。其危害在 2015 年就开始出现，如股市剧烈波动、非金融类企业债大面积到期不能兑付以及同业拆借市场资金成本过高等问题就是一个很好的例证。其三是形成不规范影子银行业务，加速风险聚集。我国是在 2012 年放开资产托管业务的，各个金融机构争相涌入资产管理市场，不规范的影子银行业务快速增加。规范的影子银行业务是建立在资产证券化的基础上的，我国资产证券化目前处于试点阶段，并未全面推开，同期我国金融机构特别是银行大力发展的影子银行业务均属于没有资产证券化基础的非标准型的理财影子银行业务。根据国际评级机构穆迪估算，2015 年末，我国的非规范性影子银行业务总量已达到 65 万亿元。其中银行的理财产品业务占影子银行业务的 50% 左右，由于非标准化的影子银行业务长期处于我国监管部门的监管之外，层层套利、高杠杆、期限错配流动性风险在银行系统、保险系统、证券系统快速转换，更进一步加大了我国金融体系的脆弱性和风险度。

三、我国中央银行"缩表"是对银行系统不稳定性的对冲

中央银行"缩表"是指中央银行资产负债表规模进行净减少，但这个信号一定不是货币政策宽松的信号。在我国目前的货币创造制度下，中央银行直接向商业银行体系投放基础货币，银行在此基础上向社会投放货币，截至 2017 年 3 月末，我国基础货币余额达 30.2 万亿元。对于中国人民银行是否已经开始准备"缩表"，很大程度上取决于美联储的"缩表"进程。美联储是全球最早提出"缩表"的中央银行。2008 年国际金融危机爆发后，美联储曾数次采取量化宽松的货币政策，到 2017 年 3 月末，美联储总资产已经达到 4.47 万亿美元，总负债 4.43 万亿美元，导致美联储资产负债表规模比危机前增长 400%，虽然对拯救美国经济起到了不可估量的作用，但是巨大的资产规模也为下一次危机带来隐患。美联储已经提出了"缩表"的可能性。从 2015 年底，美联储就开始进入加息周期，从操作的角度看，"缩表"的操作主要在资产端，但是从市场的角度看，美联储的负债需求则是影响美联储"缩表"的主要因素，具体就是美联储目前具有的现金储备和金融机构的准备金需求。随着美联储开始"缩表"，将对全球特别是对我

国产生巨大影响。

随着美联储开始准备"缩表",目前我国金融界普遍关注中国人民银行是否也要开始"缩表"。2017年中国人民银行行长周小川明确对外表示"本轮政策周期已经接近尾声,即货币政策不再像过去那样宽松"。2017年第一季度,中央银行资产负债表规模已经由1月末的34.8万亿元降至4月末的34.1万亿元,降幅达3.1%。中央银行的"缩表"直接导致我国商业银行体系资产负债表规模减少1200亿元。与此同时,我国金融监管部门"三会"密集出台监管政策,明显加大监管力度,如对银行表外业务、理财业务以及资产托管业务的调研并表等措施相继出台。我国金融系统特别是银行机构对人民银行的"缩表"反应强烈。我国中央银行"缩表"意味着减少了基础货币投放,由于基础货币属于高能货币,中央银行减少基础货币投放将直接导致商业银行信贷扩张能力减弱。由于外国中央银行资产负债表体现的是一定时间内中央银行货币政策的宽松程度,"缩表"即意味着对商业银行及金融机构抽了头寸。可以说,如果我国中央银行能够适时适度地进行"缩表",将是对目前我国银行体系脆弱性最有力和坚决的对冲,通过"缩表"可以减少银行体系的不稳定性和风险度,可以对形形色色的理财产品和资产托管业务及表外业务起到釜底抽薪的作用。从性质上看,中国人民银行"缩表"应该是一个非常慎重的选择,如果"缩表"幅度过大、次数过多将对目前已经脆弱的银行体系流动性产生难以估量的后果。由于中央银行已经释放"缩表"的信号,2017年第一季度也进行了一定程度的"缩表",金融系统反应极其强烈,金融市场方面,股市和债市大跌,同业拆借利率快速攀升。为此,中央银行不得不进行6个月和1年期便利贷款和公开市场操作,以熨平市场波动。中国人民银行调节资产负债表的最终目的,就是确定基础货币(储备货币)。可以肯定,只要中央银行坚持适时适度的"缩表"就可以降低目前我国金融体系中的脆弱性,也可以降低商业银行货币创造能力,对其杠杆率进行对冲。从人民银行的角度看,"缩表"是一个非常有效的工具。

四、对我国中央银行"缩表"时机与力度的建议

一是我国中央银行资产负债表的缩减力度的调控,应以保持商业银行体系流动性的相对稳定为目标。人民银行"缩表"的目的是增加银行体系的稳定性,解决高杠杆问题,降低系统性风险。虽然在短期内"缩表"对冲高杠杆可能会带来一些资产价格的波动,但长期看对减少银行系统的脆

弱性是非常有利的。当前，人民银行和银监会为了消除我国银行业的脆弱性，正在采取一系列严厉的措施。主要表现为对银行业的同业业务和理财、资产托管等业务出台更为严格的监管政策，从我国供给侧结构性改革的大背景看，人民银行"缩表"可以及时解决以上问题。另外，《2017 年第一季度中国货币政策执行报告》指出："中国人民银行'缩表'并不一定意味着收紧银根"。人民银行表示，资产负债表的变化，与保持银行体系的流动性基本稳定并不相悖。所以，中央银行减少基础货币供应需要考虑到金融市场流动性的稳定。

二是需要在我国产业结构性调整中，改进银行创新的目的和做法。银行体系开展的创新更多的应该是为实体经济服务，而不是为银行体系自身服务。如目前银行机构激进的同业业务以及围绕同业业务开展的众多金融创新和花样不断翻新的理财业务，更多的是为银行自身服务。需要监管部门在银行同业投资的监管、银行资本拨备和计提方面采取更为严厉的措施和标准，从创新方面消除银行系统的脆弱性。

三是督促我国银行在金融创新中把为实体经济服务放到第一位。我国金融机构特别是银行金融创新必须为实体经济服务，为中小企业服务，反对银行机构将创新变成为虚拟经济和为自身服务。坚持以实体经济为基础，特别是要在为中小企业服务的主业务下进行创新。从消除银行系统的脆弱性方面看，重新研究如何发展存款业务和为实体经济服务，特别是为中小企业提供贷款业务，应该是未来业务发展的重点。

四是将"缩表"作为现阶段消除我国银行系统脆弱性的重要手段。在人民银行和银监会较为严厉的同业和表外业务监管措施下，我国银行机构应该主动收缩资产负债表，调整银行资产负债结构，主动缩减同业负债规模，加快改进信贷比、资本充足率、流动性覆盖率，净稳定资金比率等。

五是把握好"缩表"的时机，及时调整"缩表"的力度。目前，我国金融市场出现利率提高速度较快的现象。中央银行应该防止市场恐慌情绪的蔓延。在目前调控应慎用利率工具，探索利率走廊的应用和生成。特别是在"缩表"过程中把握好时机，针对流动性短缺的程度及时使用数量和价格两种工具，重点关注同业拆借市场价格的变动。另外，中央银行的"缩表"应时刻关注我国经济的走势和供给侧结构性改革的需要。总之，通过"缩表"可以及时根除银行体系的脆弱性，防止风险蔓延。

参考文献

［1］胡援成，舒长江．我国商业银行脆弱性：利率冲击与金融加速器效应［J］．当代财经，2015（12）．

［2］李凯．我国银行体系脆弱性问题研究［D］．长春：长春工业大学，2012.

［3］耿同进．银行脆弱性理论评述［J］．金融理论与实践，2008（8）.

［4］徐诺金．资产管理乱象之治：资金空转导致"脱实向虚"［J］．财经，2017（13）.